DOUGLAS MACARTHUR

麦克阿瑟画传

时影/编著

作家出版社

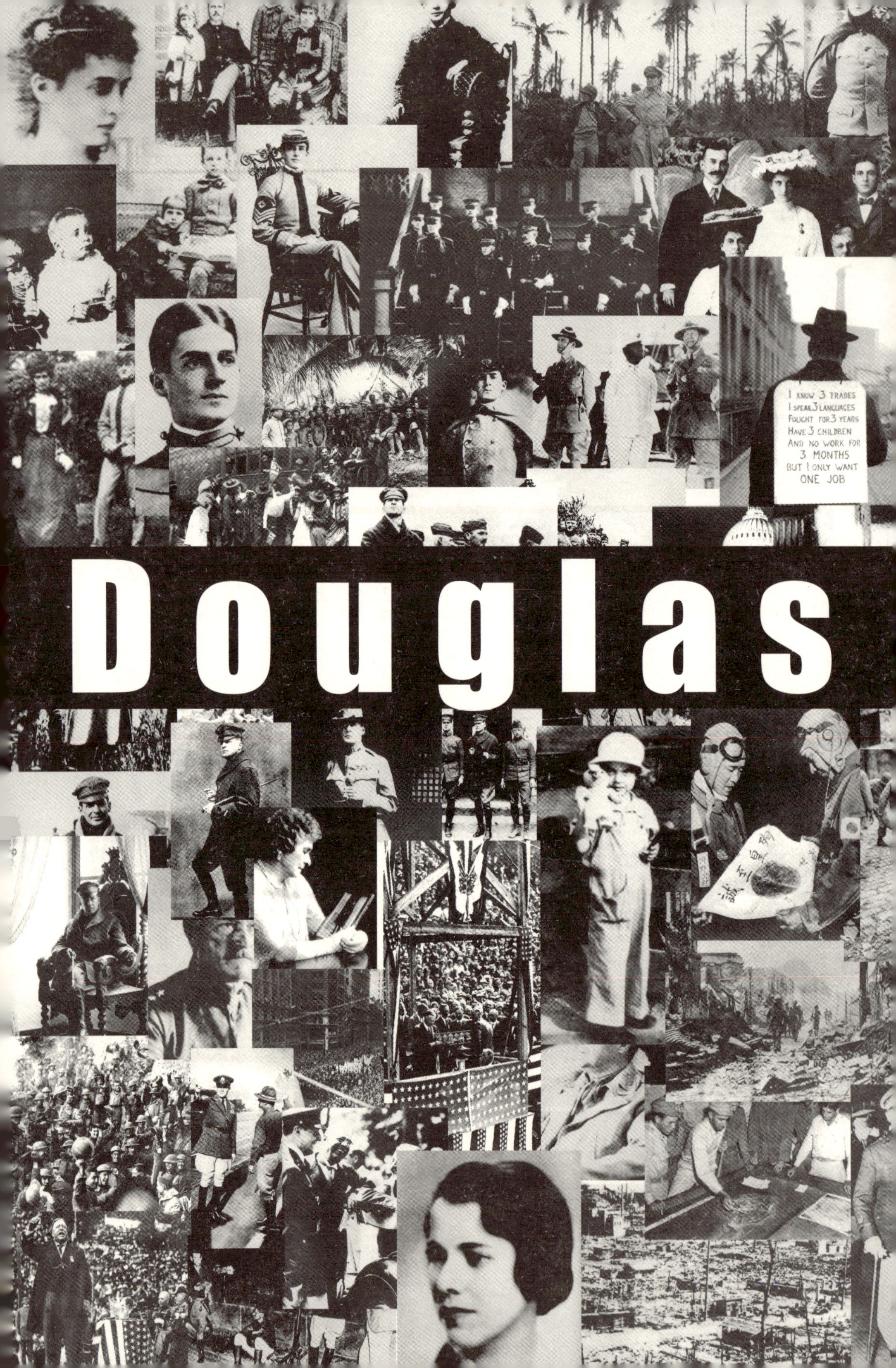
I KNOW 3 TRADES
I SPEAK 3 LANGUAGES
FOUGHT FOR 3 YEARS
HAVE 3 CHILDREN
AND NO WORK FOR
3 MONTHS
BUT I ONLY WANT
ONE JOB
Douglas

MacArthur

图书在版编目（CIP）数据

麦克阿瑟画传 / 时影编著． — 北京：作家出版社，2015.9
（名人画传丛书）
ISBN 978-7-5063-8370-7

Ⅰ．①麦… Ⅱ．①时… Ⅲ．①麦克阿瑟，D.（1880～1964）—传记—画册
Ⅳ．①K837.125.2-64

中国版本图书馆 CIP 数据核字（2015）第 240966 号

麦克阿瑟画传

作　　者：时　影
责任编辑：张　平
装帧设计：陈　燕
出版发行：作家出版社
社　　址：北京农展馆南里 10 号　　　邮　　编：100125
电话传真：86-10-65930756（出版发行部）
86-10-65004079（总编室）
86-10-65015116（邮购部）
E-mail:zuojia@zuojia.net.cn
http://www.haozuojia.com（作家在线）
印　　刷：北京市玖仁伟业印刷有限公司
成品尺寸：170×240
字　　数：36 千
印　　张：14.5
版　　次：2016 年 1 月第 1 版
印　　次：2016 年 1 月第 1 次印刷
ISBN 978-7-5063-8370-7
定　　价：32.00 元

目 录

Douglas MacArthur

第一章
军旅世家的第三代

二战英雄道格拉斯·麦克阿瑟的祖先原是苏格兰人，后移居美国。麦克阿瑟的祖父只是美军中尉，卸任后从事政治活动，曾经当过副州长和地区法官，1871年被格兰特总统任命为联邦最高法院大法官。麦克阿瑟的父亲十七岁就投身军队，是美国内战时期的英雄。他参战的部队在一次战斗中，所有军官都阵亡，他以副官的身份重新组织部队，灵活勇敢地进行指挥，保证了战斗的胜利，因此成为团的指挥员。那时他不过十九岁，就成为联邦军队中最年轻的上校。美西战争爆发后，麦克阿瑟的父亲被提升为准将，率领一个旅来到菲律宾，不但在战场上取得巨大胜利，而且成为菲律宾群岛的总督，在那里进行了一系列政治、经济和社会改革。菲律宾成了麦克阿瑟父亲一生的辉煌顶峰。

麦克阿瑟从小接受军旅生活的熏陶。在他性格形成的关键时期，他从母亲的身上受到许多教益，懂得了对于该做的事情，不管个人做出怎样的牺牲，都要实现它，明确地树立起了国家利益永远高于一切的观念。母亲一次次地告诉他，总有一天你会像你父亲一样成为"伟人"，使他树立起"命中注定"成功的坚强信念，所追求的目标就是做一名像他父亲一样的军人。

他的第一步是进入美国西点军校。西点军校这一年金榜揭晓，麦克阿瑟以第一名考进去。那是1899年6月13日，十九岁的麦克阿瑟，英俊潇洒，风流倜傥，被视为军校有史以来最漂亮的小伙子。刚入校的麦克阿瑟，很快投身于紧张而繁忙的各项训练之中。尽管这种磨炼是艰苦而无休止的，但他并未因此而懈怠。他把训练看成一种准备，这种准备是成功与胜利的关键。在学业上，他比班上的任何人都肯下功夫，常常在夜深人静时，秉烛夜读。为了不影响他人休息，他就用毛毯把床围住，以便有一个供自己思想驰骋的天地。

但是进校不久，麦克阿瑟便有了一个特殊经历——残忍的体罚。一些高年级学生对他进行侮辱，并强行迫使他做单杠、下蹲、俯卧撑等练习，一做就是一两个小时。他对这样的体罚默不作声，第二天，忍着浑身的酸痛像往常一样坚持训练。这个丑闻被人揭发后，麦金利总统下令调查此事。但是当麦克阿瑟接受调查人员的询问时，他却回答说：“我所受的侮辱，并不比其他新学员受辱的事件更严重，也不能说他们有意伤害我。我也没有因为伤害而身体不适。”他的证词赢得了西点同学的爱戴和校方的好感。第一学年末，麦克阿瑟的成绩名列榜首。此后三年，由于他不懈努力，他的成绩在排行榜中高居不下，最终以平均 9814 分的优异成绩从西点毕业，这一分数几乎成为空前绝后、无人问津的最高纪录。麦克阿瑟所表现出来的不仅是学业上的高深造诣，同时他卓越的领导才能也开始崭露锋芒。他曾经连续三年荣获同级学员中的最高军阶，至四年级时，已升至全学员队队长和第一上尉。在西点百年历史上，获此殊荣的仅有三人。

1903 年 6 月 11 日，西点军校举行 1903 届学生的毕业典礼。麦克阿瑟的父亲也被邀请去参加典礼，并自豪地在主席台就座。颁发毕业证书时，麦克阿瑟以第一名和第一上尉的身份第一个走上主席台，从陆军部长鲁特手中接过毕业文凭，然后走到父亲面前，将文凭郑重地放在父亲的手上。

⊙麦克阿瑟的母亲玛丽·平克尼·哈迪结婚时的照片。她的教诲，对麦克阿瑟一生追求成功和荣誉的性格养成，起到了关键的作用。

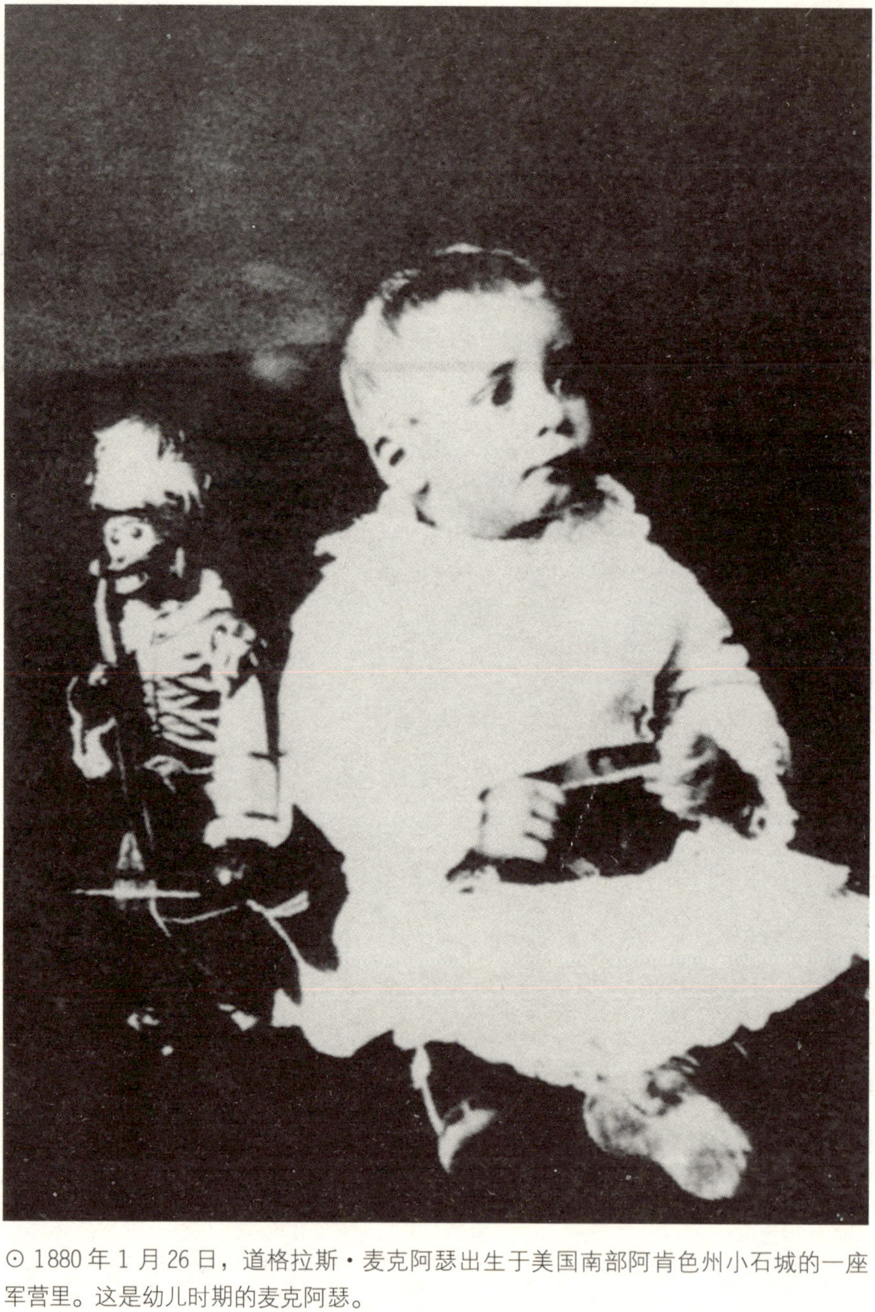

⊙ 1880 年 1 月 26 日，道格拉斯·麦克阿瑟出生于美国南部阿肯色州小石城的一座军营里。这是幼儿时期的麦克阿瑟。

⊙ 1884 年，麦克阿瑟一家迁到位于新墨西哥州拉斯克鲁塞斯以北几英里的塞尔登堡。这是四岁的麦克阿瑟（左）同他的哥哥。

⊙ 1886 年，麦克阿瑟全家照，左一为六岁的麦克阿瑟。

⊙麦克阿瑟自幼视父亲为心目中的偶像，并从他那里继承了刚毅、果敢和倔强的个性。

⊙十六岁的麦克阿瑟在德克萨斯军事中学就读时的留影。

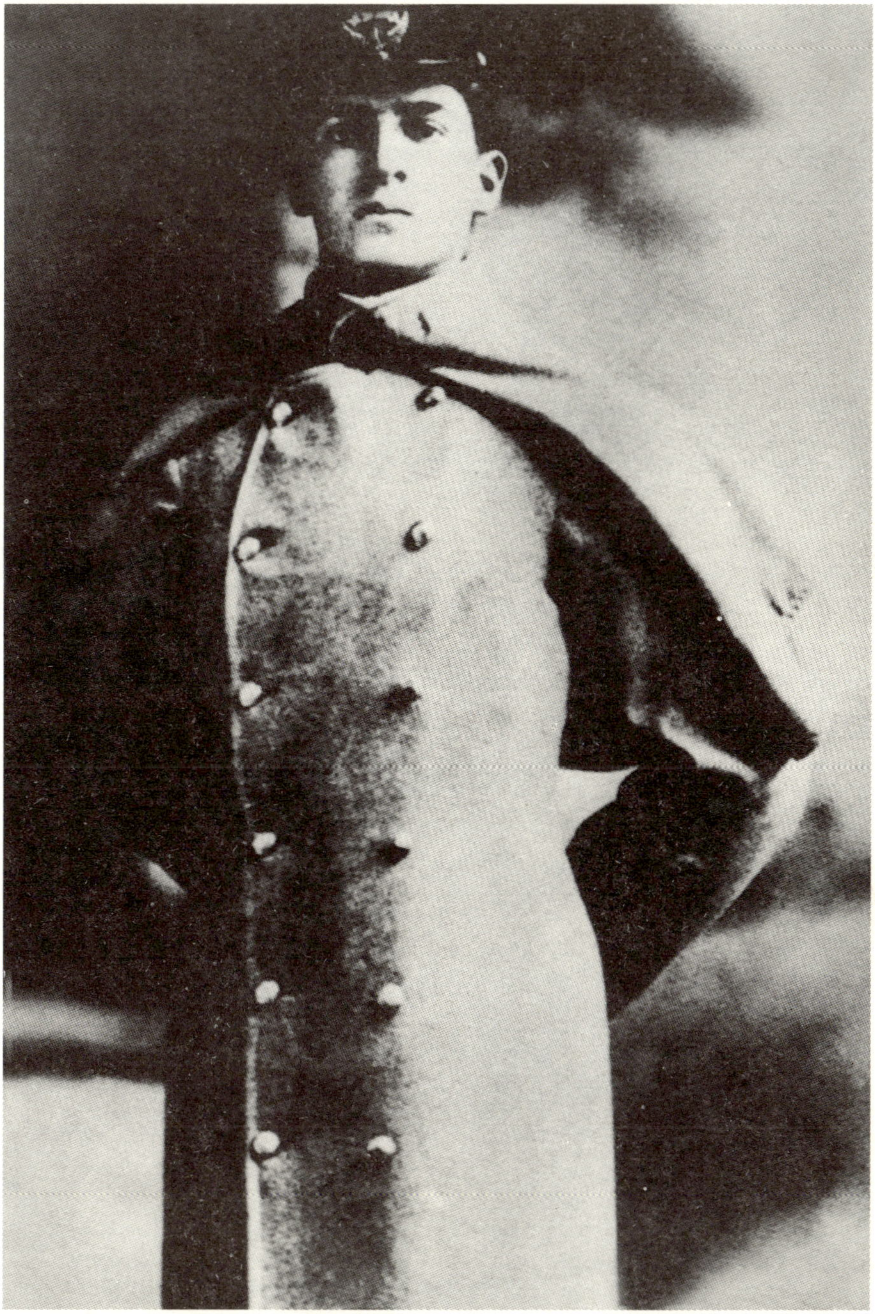

⊙ 1899年6月13日，道格拉斯・麦克阿瑟到西点军校报到。此时的他已出落成一个风流倜傥、潇洒漂亮的大小伙子了，被人们称为“军校有史以来最英俊的学员”。

⊙1902年7月4日，在西点军校百年校庆庆典上，总统西奥多·罗斯福发表了热情洋溢的讲话。他说：『西点军校已走过了第一个百年历程。在这整整一个世纪中，我们国家的任何一所其他学校都没有像它这样，在刻着我们民族最伟大公民的光荣册上，写下如此众多的名字。』总统的讲话使麦克阿瑟激动不已。他在心里暗暗发誓：总有一天，我要把我的名字刻在那『最伟大公民的光荣册上』。这是当时在西点军校任学员下士时的麦克阿瑟。

⊙麦克阿瑟的母亲，她对麦克阿瑟的一生影响至深。

第二章
与亚洲和远东结缘

毕业后的麦克阿瑟得到的第一个派职令，就是随工兵第三营一起被派到他父亲曾经战斗过的菲律宾执行勘测任务。在菲律宾服务的一年内，麦克阿瑟有两件事值得一提：一件是协助勘测巴丹半岛。对这块森林茂密的山地的勘测，使他在日后与日军作战中大受益处。另一件是结识了两位刚从法律学校毕业的菲律宾青年。他们是奎松和奥斯默纳，并同他们结为挚友。而这两位青年先后成为菲律宾总统，并且在第二次世界大战期间与麦克阿瑟的命运紧密联系在一起。

日俄战争爆发后，美国派麦克阿瑟的父亲以官方观察员的身份前往日本搜集情报。1905 年 10 月，麦克阿瑟得到了给他父亲当随从副官的职务。当他赶到日本时，日俄战争已经结束。父子两人所面临的任务，就是分析和评估日本的军事力量。日本在两个方面给年轻的麦克阿瑟留下了深刻的印象：一方面是日本军事要员的残酷无情、沉默寡言、冷若冰霜、性格坚强和目的不可动摇；另一方面是日本人那种扩张领土的要求和势头。他们认为日本既然已经征服了朝鲜和台湾，势必要伸手去控制太平洋，称霸远东。

父子二人受命把情报搜集的范围扩大到亚洲其他国家和地区。从 1905 年 11 月起，他们花了九个月的时间，先后巡察了远东及东南亚的大部分国家。此行使麦克阿瑟大开眼界，受益匪浅，成为他一生最重要的经历之一。

1906 年 10 月，他被选派到华盛顿高级工程学校进修一年。十二月，他承蒙其父的部下、当时的陆军参谋长贝尔将军的提携，作为兼职工作，被任命为西奥多·罗斯福总统的低级副官。这期间，他沉溺于觥筹交错、眼花缭乱的官场之中，学习成绩下降，校长给了他很不好的评语。后来，他要求调到父母的居住地——密尔沃基，给毕业于西点军校的贾德森少将当助手。由于同父母在一起的时间过多，以及在函授课程上花费了大量时间，贾德森将军也对麦克阿瑟产生了不良印象。这对麦克阿瑟的职业道路产生了十分不利的影响，导致他被派遣回原来的部队——第三工兵营，驻在利文沃思。

麦克阿瑟在利文沃思各种不同的工作岗位上，消磨了长达四年半的时间而毫无建树。麦克阿瑟垂头丧气，精神颓废，以致他的母亲整日忧心忡忡，不得不考虑为他在商业领域谋求一份职业。但当麦克阿瑟听到有人聘请他出任商业职务的时候，他感到十分吃惊，并觉得自己的名誉遭到损害，毫不犹豫地一口回绝了。为了挽回声誉，恢复母亲的信心，他重整旗鼓，发奋工作，忠于职守，带士兵进行各项野战作业及训练。这番努力终于扭转了连队落后的局面，他的上司开始对他另眼相看了，并调他出任“第一流”连队的连长。

1912年，麦克阿瑟到华盛顿陆军部上任，并很快得到伍德参谋长的青睐。麦克阿瑟从此时来运转。

⊙年轻的麦克阿瑟（后排右一）同家人们在一起。后排左一为兄长阿瑟第三，后排中为他的妻子玛丽；前排左为母亲平克尼，她怀抱着阿瑟第三的孩子，右为麦克阿瑟的父亲。

⊙1906年，英俊潇洒的二等陆军中尉麦克阿瑟。

⊙ 1909年，一等陆军中尉麦克阿瑟（前排右起第二人）和昔日的同学们合影。

⊙ 1900年，在菲律宾群岛棉兰老岛上的美国士兵和当地穆斯林。

第三章
“彩虹师”师长和西点军校校长

1914年夏，第一次世界大战在欧洲全面爆发。大战之初，美国宣布严守中立。而到了1917年4月，美国参、众两院通过了威尔逊总统的对德宣战决议案。很快，美国便组建了由潘兴将军任总司令的美国欧洲远征军。8月1日，三十四岁的麦克阿瑟被任命为远征军第四十二师的参谋长，并晋升为上校。这个师的兵员来自全国各地，根据麦克阿瑟的建议，这个师也被命名为“彩虹师”。由于麦克阿瑟家族在军中的显赫地位和他本人高超的军事才赋，使得年事已高、不久就要退休的师长对他言听计从。麦克阿瑟显然成了该师支配一切的人物。经过麦克阿瑟的精心组织和训练，彩虹师也被训练成一支具有良好战斗作风的部队。

这个师于1918年2月开进法国洛林南部防区的堑壕。麦克阿瑟第一次表现出超人的勇气是在2月26日夜晚。那天晚上，他为了了解德军的战斗力而自愿参加了法国人的突击队。战斗残酷而激烈，最后大约有六百名德国人被俘，其中有一名德军上校是麦克阿瑟用马鞭擒获的。由于在这次行动中的突出表现，他获得了首枚法国十字军功章和美国的银星章。在另一次战斗中，麦克阿瑟为了查清敌人阵地的情况，组织了一个夜间侦察小分队，并亲自随小分队一起行动。在前进途中，他们遇到敌军火力的猛烈射击，结果只有他一个人活着返回阵地。

第一次世界大战结束时，毫无战争经验的彩虹师已成为英勇善战的部队，并立下了赫赫战功。该师在前线二百二十四天，实际战斗一百六十二天，总伤亡人数达一万四千六百八十三人。麦克阿瑟成为法国尽人皆知的英雄，被认为是最引人注目、最勇敢无畏的军官之一。麦克阿瑟也曾对手下人讲：“整个德国还未造出一发能打死麦克阿瑟的炮弹。”他毫无疑问地成为西点军校最杰出的学员，成为大战中受勋最多的军官之一：共荣获两枚优异服务十字勋章、一枚服务优异勋章、七枚银星章、两枚紫心勋章，以及数枚法国授予的勋章。潘兴将军称赞他是“我们所有的最伟大的将领”。在和平降临的几天后，麦克阿瑟被任命为彩虹师师长。彩虹师的全体官兵为了欢迎他，送给他一个金烟盒，上面刻着：“献给勇敢的人们中最勇敢的人—— 全师赠。”

回国后的麦克阿瑟，得到了一个新的任命，出任西点军校校长。此时的西点军校一片混乱。为了向第一次世界大战中的法国输送军官，学员们都提前毕了业。在校生只有一年级学员，教程也被缩短为一年，这使西点军校成了一个不伦不类的短期训练班，学员素质低劣，酗酒闹事、打架斗殴时有发生，教学秩序一片混乱。西点的教职员工对这种状况极为痛心，大批辞职离校，使西点军校面临垮台的境地。

1919 年 6 月，麦克阿瑟一上任，就立刻下令对军校各方面工作进行全面调查研究。他认为随着世界大战的结束，西点军校的任务应立即改变，以便为下一次可能发生的战争培养合格的军官。整整三年时间里，他的改革使西点获得了新生。一位传记记者这样总结：“在麦克阿瑟的漫长人生历程中，人们一致认为，是他而不是任何别人，领导西点军校跨进迅速发展文化的世界，开始了现代军事教育。”

但是在麦克阿瑟任西点军校校长期间，他出人意料地坠入了情网。令麦克阿瑟着迷的女人是一位富得使人难以置信的离婚妇女，她的名字叫路易丝·布鲁克斯。这时她三十五岁左右。

1922 年 2 月 14 日情人节，麦克阿瑟与路易丝结为伉俪。但是他们俩的婚事，注定不会有好结果：由于观点不同，麦克阿瑟刚刚被解除西点军校校长的职务，麦克阿瑟的母亲又成了他们婚事的坚决反对派。老太太拒绝参加婚礼，她搬出了西点军校，独自住在一家旅馆里，这使麦克阿瑟的蜜月涂上了一层阴影。

1922 年 6 月，麦克阿瑟忍痛离开了为之奋斗三年的西点军校，再次来到菲律宾执行海外勤务。

婚后，麦克阿瑟的家庭生活一点也不安宁。路易丝很快就对军旅生活失去了兴趣。他们的五年姻缘最后以失败告终，而离婚后的麦克阿瑟却在职业生涯上越走越顺利。

⊙ 1917 年，麦克阿瑟少校（左）与美国远征军司令潘兴将军在法国前线视察。

⊙ 1917年4月6日，美国正式参战。这是纽约六十九步兵团的官兵们在与情人吻别，他们即将出发前往欧洲战场。

⊙1917年10月，拥有2.7万人的美国陆军『彩虹师』前往法国参战。威廉·曼准将担任该师师长，麦克阿瑟任参谋长。这是麦克阿瑟在法国前线。

⊙第一次世界大战中的麦克阿瑟在法国前线与法军军官在一起。

⊙ 1918年6月26日，三十八岁的麦克阿瑟因战功显赫被提升为临时准将。

⊙麦克阿瑟（中）同他的“彩虹师”参谋们在一起。

⊙ 1918 年 9 月，麦克阿瑟参加了由美军单独组织的圣米歇尔战役。这是在圣米歇尔战役中，美军炮兵正在向德军阵地发起猛烈炮击。

⊙ 1918 年 9 月下旬，协约国军队对德军开始发起总攻。“彩虹师”配属给美国第五军，参加默兹—阿尔贡进攻战役。这是美军坦克在阿尔贡森林参与行动。

⊙ 1918 年 9 月 19 日，麦克阿瑟
在法国 St. Benoit 城堡。

⊙在听到停战的消息后，美第七师的士兵正在欢呼胜利。

⊙在第一次世界大战中，『彩虹师』为美军立下了赫赫战功。麦克阿瑟功不可没。在战争结束时，他被提升为师长。彩虹师的全体官兵送给他一个金烟盒，上面刻着：『献给勇敢的人们中最勇敢的人——全师赠。』

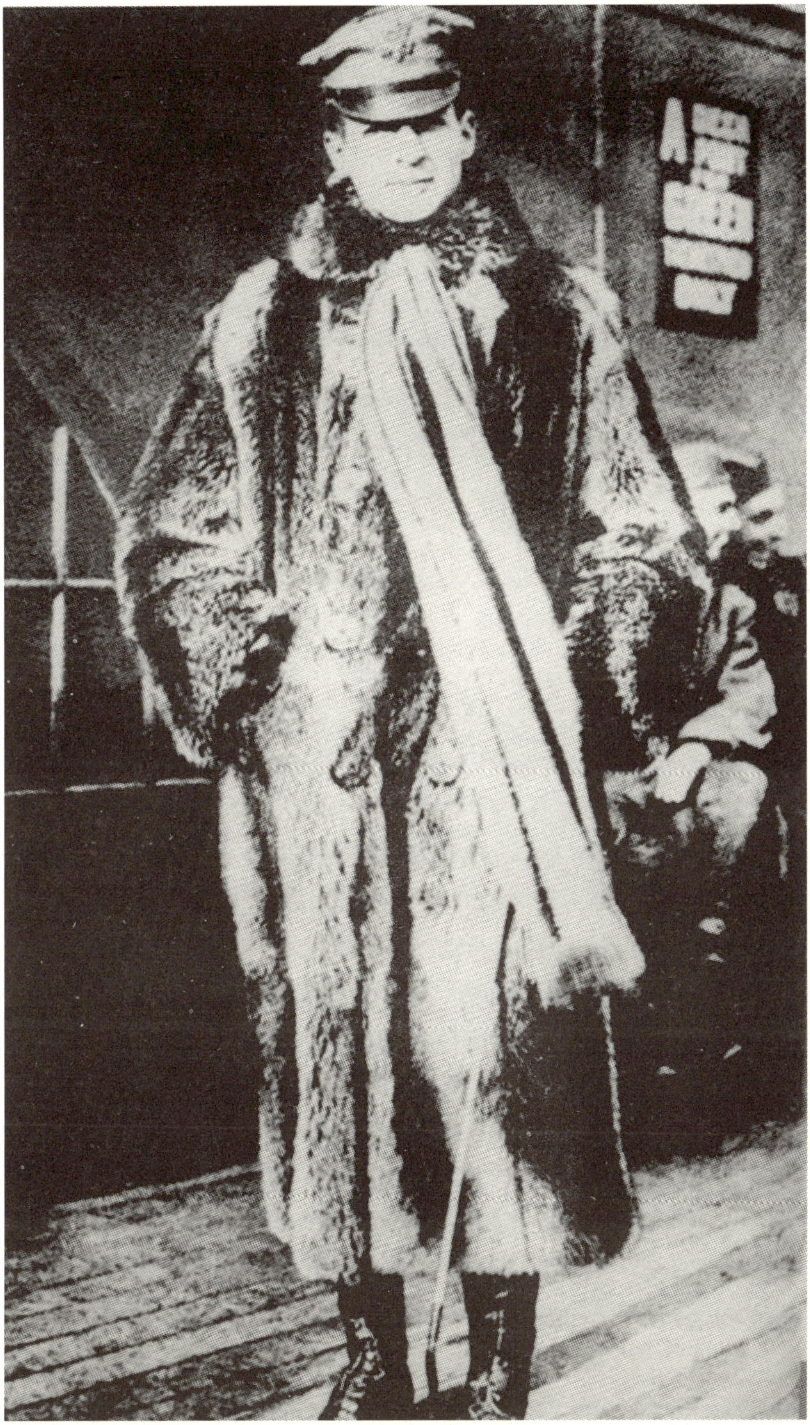

⊙欧洲战事结束后，麦克阿瑟于 1919 年 4 月载誉回国。这是身着浣熊皮外套，正在回家途中的麦克阿瑟。

⊙ 1919 年 6 月 12 日，麦克阿瑟成为美国西点军校历史上最年轻的校长，时年三十九岁。

⊙麦克阿瑟任西点军校校长时提出的口号是：今天，在竞技场上播下种子；明天，在战场上收获胜利果实。这个口号被镌刻在西点体育馆大门的上方。图为正在列队的西点军校学员。

⊙ 1920年，麦克阿瑟在西点军校的一次集会上。

第四章
在美国和菲律宾为战争做准备

1928年夏天，麦克阿瑟第三次奉命前往马尼拉，出任最高军事职务——驻菲美军总司令。

1930年8月，麦克阿瑟接到了总统发来的委任电：决定由他出任陆军参谋长。9月19日，他返国上任，实现了梦寐以求的愿望。在他正式就任后，他的母亲深情地抚摸着他肩章上的四颗星，说："要是你父亲现在能亲眼见到你该多好！道格拉斯，你实现了他的全部愿望！"

麦克阿瑟于1930年11月21日宣誓就任美国陆军参谋长，领临时上将军衔，并搬进梅尔堡一号公寓豪华舒适的参谋长官邸。当时，他正好五十岁，是美国陆军史上最年轻的参谋长，也是全国唯一的四星将军，年薪一万零四百美元，军队里唯一一辆高级卧车供他专用。

然而就在这时，整个资本主义世界正在经历历史上最严重的经济危机。当时美国经济也一片混乱，有一百多万失业者，许多人处于水深火热之中。陆军理所当然地成为众矢之的，似乎每一个人都倾向于削减军费。只有麦克阿瑟一个人，为了保护陆军以免被削弱，不知疲倦地进行抗争。他把大部分时间花在国会的会议厅里，雄辩地抨击和平主义者，郑重地为陆军辩护。但是媒体并不买账，称他是"大众钱包无耻的掠夺者""盗贼""战争贩子""虚张声势的好战分子"。

另一件事，甚至让人们把麦克阿瑟比作"希特勒"。1932年五月到七月，那些一文不名、饥肠辘辘的退伍军人纷纷聚集在国会大厦周围，居住在肮脏的帐篷里。报纸、电视和广播把这次集会称为"退役金大进军"。胡佛总统和麦克阿瑟虽然没有证据，但深信退役金大军是由共产党领导的暴乱分子，很可能酿成一场推翻政府的革命。麦克阿瑟决定亲率部队执行这项任务。他换掉便装，穿上装饰着一排排勋章的军装，佩戴四颗星的上将肩章，指挥部队浩浩荡荡地开进华盛顿大街。那些曾在法国与他并肩作战的老兵们万万没有想到，这位曾与他们共生死同患难的麦帅，如今以这样的姿态出现在他们的面前。老兵们很快便被驱散了，这次愚蠢的蛮干所幸没有造成重大伤亡。但是，从美国东海岸到西海岸掀起一片咒骂之声，麦克阿瑟也就必然成为众矢之的。

1933 年，罗斯福就任美国第三十二届总统，开始在国内推行他的改革计划。尽管他与麦克阿瑟各执己见，但在工作能力上还是相互尊重，彼此欣赏。两人均系贵族出身，外表英俊，而在骨子里却保持着一种对抗关系。作为陆军参谋长，麦克阿瑟可谓鞠躬尽瘁，是陆军真正的保护神。1934 年，政府为了弥补巨额的财政赤字，把陆军的开支减半补上财政亏空。这使麦克阿瑟大为惊愕。他立即到白宫找到罗斯福，要求取消该项计划，并以辞职相要挟，最后罗斯福总统做了让步。此后，陆军军费稍有增加，但与德、意、日相比，还差距甚远。

1934 年，麦克阿瑟的参谋长任期已满，但直到年底也没有找出合适的人选，罗斯福宣布麦克阿瑟继续任职。在麦克阿瑟不懈的力争下，美国陆军的军费开支增加了近一亿美元。美国能在二战爆发时做好充分的战备工作，不能不说是麦克阿瑟的心血换来的。

1935 年夏天，已经五十五岁的麦克阿瑟参谋长即将结束任期，但还差九年才到六十四岁的退休年龄。他面临着下一步该怎么办的问题。麦克阿瑟欣赏权势，喜欢迎难而上，渴望有职有权，并起到举足轻重的作用。这个问题由于菲律宾地位的改变而得到了圆满的解决。

1935 年 11 月，菲律宾将根据美国国会通过的一项法案，结束美国的总督制，实行自治的联邦政体。麦克阿瑟的老朋友奎松将成为新联邦的第一位总统。麦克阿瑟因而被邀请去菲律宾帮助奎松管理联邦，并负责军事防御的整体规划。麦克阿瑟立即愉快地接受了这个邀请。

罗斯福总统也决定让他出任奎松的军事顾问，并保留其美国陆军的军籍。这样，他不仅领取美国陆军的薪金，而且每年还要拿菲律宾政府给予的三千三百美元的报酬和补贴。

麦克阿瑟在航程中结识了一位名叫琼·玛丽·费尔克洛思的年轻女士。琼·玛丽被麦克阿瑟的魅力深深吸引，毫不犹豫地取消了原定到上海的旅行，跟着麦克阿瑟一同前往马尼拉。但是旅途并没有因此而变得全是浪漫和惬意，随同麦克阿瑟前往菲律宾的老母亲身体越来越坏。在他们到达马尼拉不久的12月3日，八十七岁的老母亲死于脑血栓，麦克阿瑟悲痛欲绝。这期间，琼·玛丽始终不离他左右，给他无微不至的关怀，从而缓解了麦克阿瑟的丧母之痛。

但是在菲律宾的工作也受到很大制约。菲律宾资金有限，美国政府也不支持麦克阿瑟的计划，菲律宾的军队和国防建设一直徘徊不前。

1938年2月21日，五十八岁的麦克阿瑟唯一的快乐就是老来得子。琼·玛丽为他生了个儿子，他们给儿子取名阿瑟。这是他们家族的第四个阿瑟，也是麦克阿瑟第一个和唯一的一个孩子。

⊙ 1921 年 8 月，潘兴上将接替佩顿・马奇任陆军参谋长。他在接任参谋长后仅三个月，便通知麦克阿瑟将军提前一年结束西点军校校长之职，而被派往菲律宾执行海外勤务。图为潘兴上将。

⊙ 1928 年，麦克阿瑟奉命前往马尼拉担任最高军事职务——驻菲美军司令。在马尼拉，他与新任总督亨利・史汀生建立了深厚的友谊。图为亨利・史汀生。

⊙ 1929 年，麦克阿瑟（右）在马尼拉任驻菲美军总司令。

⊙ 1929年3月，赫伯特·胡佛就任美国第三十一届总统，这对麦克阿瑟的晋升是非常有利的，因为他们俩在第一次世界大战时就有过交情。

⊙ 1929 年，资本主义世界遭遇了历史上最严重的经济危机。这是一个在华尔街股市崩盘中破产的人在变卖自己的汽车。

⊙美国经济大萧条时期的一个失业者。标牌写着“懂三种生意”和“能说三门外语”，但这仍无法保证他能得到一份工作。

⊙ 1930 年 11 月 21 日，麦克阿瑟宣誓就任美国陆军参谋长，领临时上将军衔。他是陆军史上最年轻的参谋长，也是当时全国唯一的四星将军。

⊙ 1932 年，麦克阿瑟同约瑟夫・毕苏斯基及其他波兰军官在华沙。

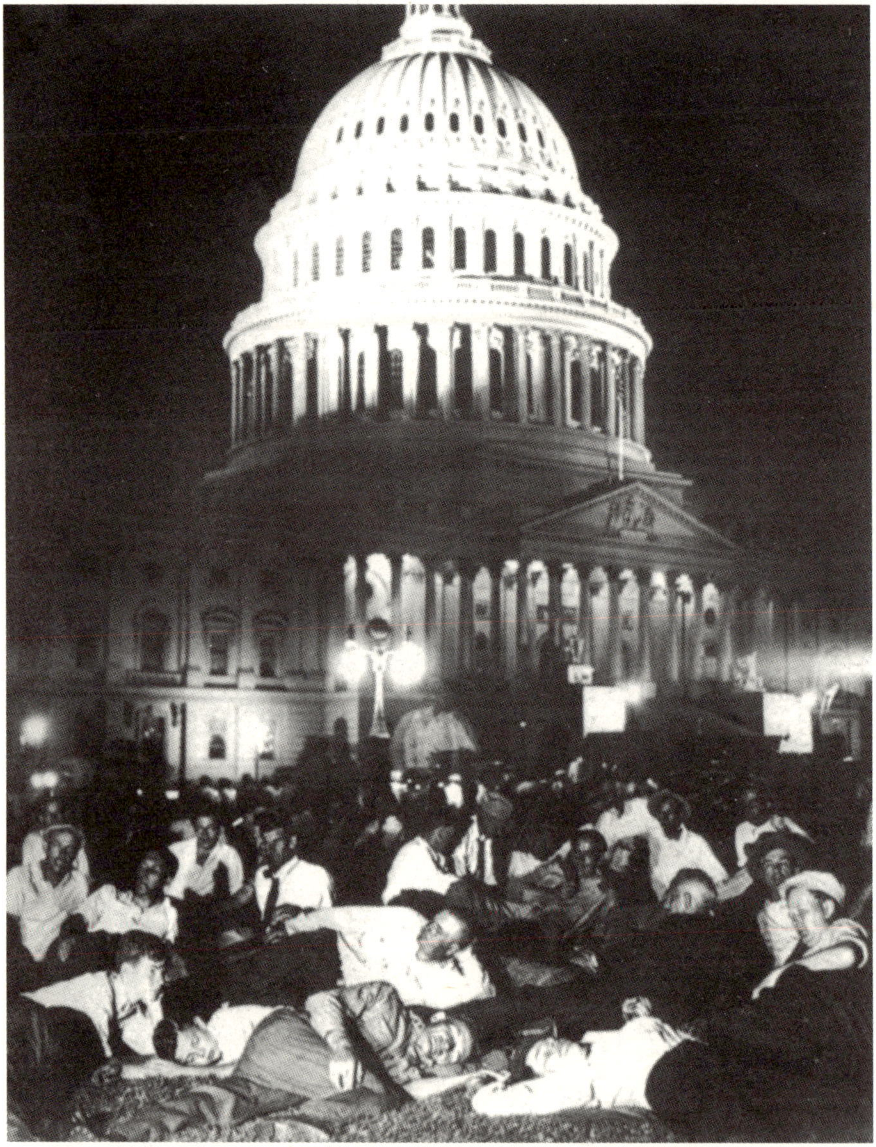

⊙ 1932 年 6 月，美国上演了一场被称为“退役金大进军”的闹剧。图为参加第一次世界大战的老兵们露营在国会大厦广场上。

⊙在弹压『退役金大进军』的行动中，麦克阿瑟在给部属下命令。

⊙麦克阿瑟在弹压“退役金大进军”的行动中小憩。

⊙在罗斯福总统实施“百日新政”的时间里，国会通过了大量新动议。在这些措施中，有被罗斯福总统称为“美国国会历来颁布的最重要和影响最深远的立法”的《全国工业复兴法》，根据该法令设立了一个国家复兴执行机构。1933 年 9 月，在纽约举行了一次盛大的游行，庆祝这一机构的设立。

⊙ 麦克阿瑟与罗斯福（右）在一起。

⊙ 1935 年 10 月，麦克阿瑟在菲律宾。

⊙ 1935 年 10 月，麦克阿瑟前往菲律宾就任菲律宾军事顾问。左一是他的老部下和得力助手艾森豪威尔。

⊙ 1935 年 11 月 15 日，奎松正式就任菲律宾联邦总统。这是麦克阿瑟与奎松在一起。

⊙ 1937 年 4 月 30 日，麦克阿瑟与琼・玛丽・费尔克洛思在纽约市政大楼举行了简朴的婚礼。这是琼・玛丽・费尔克洛思夫人 1941 年时的照片。

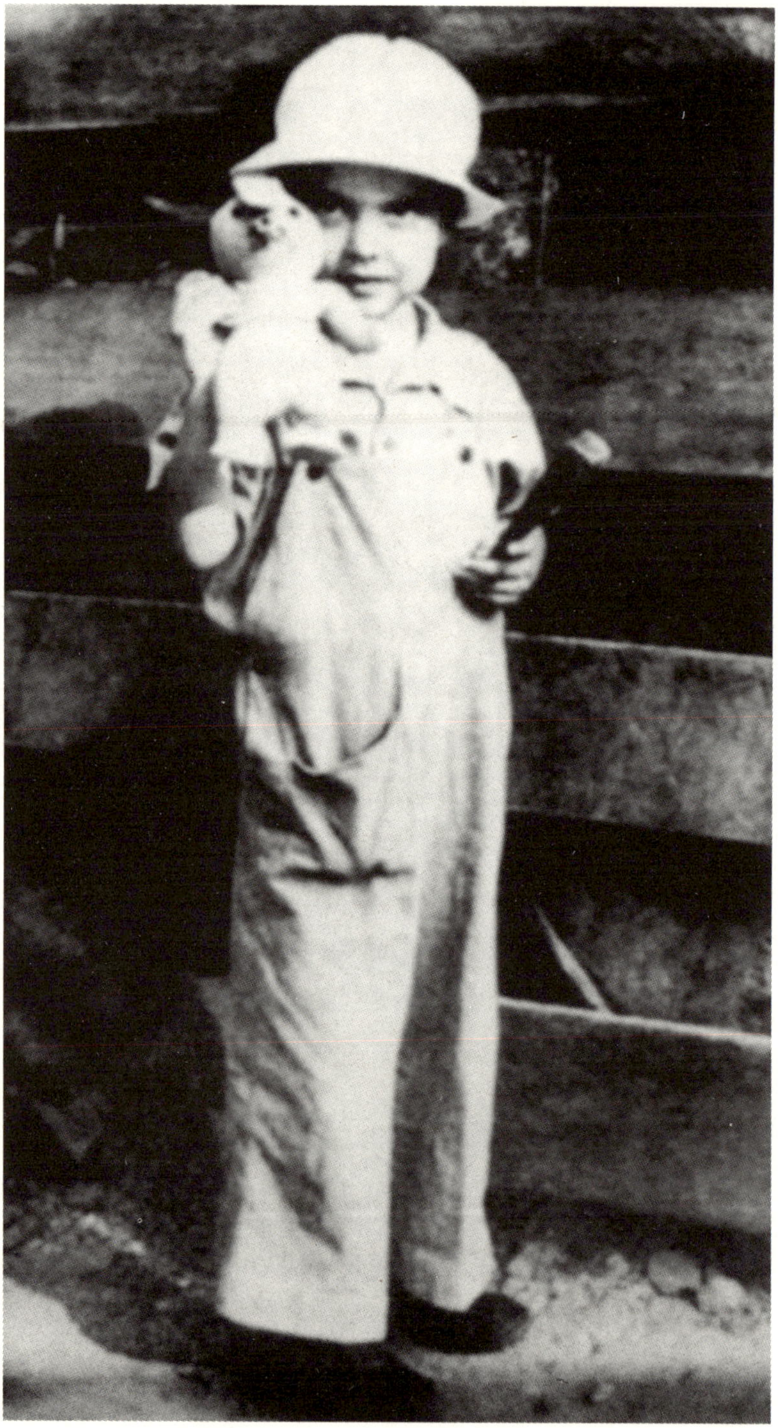

⊙ 1938年2月21日，五十八岁的麦克阿瑟老来得子——琼·玛丽·费尔克洛思为他生了个儿子。他们给孩子取名阿瑟，这已经是他们家族第四个阿瑟了。这是阿瑟小时候的照片。

⊙ 1950 年，麦克阿瑟和妻子、儿子抵达菲律宾，这是麦克阿瑟唯一的儿子。

第五章 “我还要回去”

1939年9月，第二次世界大战全面爆发。1941年夏秋两季，菲律宾的军事力量迅速增强。七月，华盛顿下令将编制表上的十二个菲律宾步兵团与美驻菲守备部队合并，并召麦克阿瑟服现役，领中将军衔，统管远东全部的陆军和空军，但不包括海军。新任陆军参谋长马歇尔是麦克阿瑟的老朋友，他答应派更多的部队给菲律宾，还保证加强菲律宾的空军力量：三百四十架崭新的B-17和B-24轰炸机，一百三十架崭新的P-40战斗机。

这大大鼓舞了麦克阿瑟。他认为日本人到第二年四月份才能发起进攻，那时他的地面部队可达二十万人。尽管马歇尔一再向麦克阿瑟发出警告，而麦克阿瑟却被自从来到菲律宾之后就从未有过的乐观情绪所影响并干扰判断力。这时他手下只有十三万四千人的部队，其中美军一万二千人，菲律宾军队一万二千人，菲律宾民兵十一万人，而且菲律宾部队多数装备低劣，大炮寥寥无几，要筹建的空军只有部分完成。

1941年12月8日凌晨，一阵电话铃将麦克阿瑟从睡梦中吵醒。原来是美国陆军部作战处打来电话，告知他珍珠港海军基地正在遭到日本特混舰队的突然袭击，并对他说："如果你那里在不久的将来遭到进攻，那是不会出人意料的。"麦克阿瑟听后不敢相信这是真的，而且坚持认为，日本人不可能很快在西太平洋这样大的范围内同时下手。

这种错误的判断使他疏于戒备，也反映出他致命的麻痹大意、轻视敌人的思想。当天中午十二点刚过，大批日机呼啸而来，突然袭击了克拉克和伊巴机场。机关炮喷着火舌，炸弹倾泻而下，几分钟内，日军在空中毫无抵抗的情况下摧毁了克拉克机场的全部十八架B-17轰炸机，以及克拉克机场和伊巴机场七十二架P-40战斗机中的五十五架。这真是天大的灾难。这一次打击，几乎就消灭了麦克阿瑟赖以防守菲律宾的空中力量，日军赢得了入侵菲律宾的制空权，也摧毁了麦克阿瑟用这支力量轰炸入侵舰只和为潜艇编队提供空中侦察和掩护的能力。菲律宾的命运，实际上在这一次突袭后就注定了。

12月21日傍晚，日军主力一字摆开，长约二十英里，向林加湾驶来。林加湾有宽阔的海滩，登上海滩便是辽阔的沃野，便于坦克和其他机械化车辆发挥作战效能，直逼马尼拉。几十年来，军事专家大都认为，日本进攻吕宋，最理想的攻击地点便是西海岸的林加湾。战局也正是这样发展的。日军正在使用七十六艘运兵船，向那里集结日陆军第十四集团军的八万战斗部队和支援分队。麦克阿瑟陷入了硬碰硬的苦战之中。他手下的温赖特将军指挥部下四个师共二十八万人在滩头阻击登陆日军。由于缺乏训练，装备较差，很快损失了两个师的兵力。民兵们更是惊慌失措，一见到日本兵就丢盔弃甲，争先恐后地四散奔逃。

麦克阿瑟目睹了菲律宾部队狼狈逃窜的情景，从前线归来，立刻要求华盛顿增援空军。他警告说：若援军不到，整个太平洋将陷落。然而此时，美英首脑在阿卡迪亚会议上刚刚通过了首先打败德国，甚至不惜放弃菲律宾的军事要地的决议。麦克阿瑟这才真正意识到自己危在旦夕。他立即做出明智的选择，退守巴丹半岛。这是唯一能减少伤亡，保存实力的办法。历史上所向披靡的麦克阿瑟，垂头丧气地撤离马尼拉。

麦克阿瑟在巴丹半岛上指挥美军拼死抵抗，这一事实使他理所当然地成为美国人心目中的英雄，他在国家中的地位也不断上升，如日中天。有关他的消息垄断了新闻报道的显著位置。一些国会议员视他为神明，力主将其调回国内任陆军最高统帅。此时，总统和陆军部也在考虑麦克阿瑟的去向问题。鉴于目前新几内亚和澳大利亚又面临严重威胁，为了加强西南太平洋的军事力量，保住澳大利亚这一反攻基地，马歇尔和罗斯福一致认为，有必要组建一个司令部并任命一位新的盟军总司令。

但是麦克阿瑟此时仍然在激愤中，甚至想到辞去职务，而作为志愿兵加入巴丹守军。他总是担心没有履行与守军共存亡的诺言而有损形象。2月20

日，他电告马歇尔：“我和我的家庭将与守岛部队共存亡。”最后是总统罗斯福亲自致电，要求他撤退到澳大利亚。麦克阿瑟回电说同意撤离，但要求推迟日期，以免自己的离去造成军中混乱。还是他的老部下萨瑟兰等人劝他改变想法：当他执掌大权后，便可率援军卷土重来，光复巴丹。

同意撤退的麦克阿瑟又决定用另一种方法撤退。他要乘鱼雷快艇去冲破日军的海上封锁线，以证明冲破这种他认为是纸上的封锁是何等容易。这种撤退方法如果成功，也会使美国海军陷入难堪的境地。他的随员都吓坏了，害怕他遇到危险，都设法说服他不要乘鱼雷快艇。可是麦克阿瑟决非别人所能劝阻的。

3 月 11 日傍晚，PT-41 号鱼雷快艇开进了科雷吉多尔港，甲板上高高地堆着额外的汽油桶。登上 PT-41 号鱼雷快艇的麦克阿瑟，在黑夜中向南疾驶。由于月黑浪大，船身摇摆不定，很多人都晕了船，弄得狼狈不堪。麦克阿瑟后来称，这是一次“在混凝土搅拌机里的旅行”。麦克阿瑟一行避开了日本巡逻舰的重重封锁，终于在三十五个小时后安全到达棉兰老的卡加延。从那里辗转前往目的地——墨尔本。途中，麦克阿瑟向闻讯赶来的记者们发表了恺撒式的演说：“美国总统命令我冲破日本防线，从科雷希多岛来到澳大利亚，目的是组织对日本的反攻，其中主要目标之一是援救菲律宾。我出来了，但我还要回去！”

“我还要回去”，成了第二次世界大战中的一句名言和鼓舞士气的战斗口号。它被写在海滩上、涂在墙壁上、打在邮件上，日益成为将士们心中的寄托。

⊙ 1939 年 9 月 1 日，纳粹德国在与苏联签订互不侵犯条约，解除了后顾之忧后，终于向波兰发动进攻。9 月 3 日，英、法对德宣战，第二次世界大战全面爆发。图为德国占领波兰后，把手无寸铁的华沙市民们驱赶到一起。

⊙德军占领波兰后，将华沙的犹太人赶出家门。

⊙ 1939 年 12 月，曾跟随麦克阿瑟多年、竭诚辅佐他的艾森豪威尔中校申请辞职回国。由于麦克阿瑟的刚愎自用，艾森豪威尔感到日益难以和他共事，他不愿意被埋没，他要另寻出路。欧战开始后，他终于找到了理由辞职回国。这是艾森豪威尔在他的告别仪式上。此后，艾森豪威尔一路高升，几年后即成为欧洲盟军的最高统帅。

⊙乔治・马歇尔，他与麦克阿瑟的关系始终处于对抗状态。麦克阿瑟曾说，马歇尔是他唯一害怕的军人。没有马歇尔和他竞争，他就可以一帆风顺。

⊙ 1940 年，德国纳粹空军在数星期内连续对英国本土进行战略性轰炸。

⊙ 1941 年，麦克阿瑟同部下乔治·温赖特少将在一起，后者在马尼拉陷落时因无力抵抗，被迫向日军投降。

⊙ 1941 年 8 月 15 日，麦克阿瑟在菲律宾空军的颁奖仪式上。

⊙日本联合舰队司令山本五十六，制订了袭击珍珠港的计划。

⊙ 1941 年 12 月 7 日，日本未经宣战，突然袭击美国在夏威夷的重要海军基地珍珠港。这是美国“西弗吉尼亚”号和“田纳西”号战列舰正在燃烧下沉。

⊙这是日机攻击珍珠港前拍下的一张所谓“战列舰大街”的照片，排在中间的是美国太平洋舰队的“西弗吉尼亚”号战列舰，其右舷水面有一枚向它射来的鱼雷，水迹清晰可见，其背景是希凯姆机场。

⊙日军对珍珠港的攻击持续了约两个小时，日军以损失二十九架飞机、一艘潜艇、五艘小型潜艇的微小代价，击毁击伤港内的全部八艘战列舰及其他十艘主要舰只，炸毁美机一百八十八架，毙伤美军三千六百八十一人。图为为美军阵亡将士举行的安魂仪式。

⊙ 1941 年 12 月 7 日（当地时间）中午，在日军袭击珍珠港的同时，日军飞机空袭了菲律宾。麦克阿瑟对此毫无防范。图为空袭后，菲律宾海军某造船厂的驳船和仓库正在熊熊燃烧。

⊙日军空袭瓦胡岛后，美军空军基地堆满了七零八落、支离破碎的飞机残骸。

⊙ 1941 年 12 月 7 日，一架 SB2U 复仇者飞机坠毁在伊娃机场。

⊙ 1941 年 12 月 7 日，伊娃机场 MAG-21 机库被轰炸后的场景。

⊙二战中的 B-17 轰炸机。

⊙ 1941 年 12 月 7 日，被击毁的 B-17C 轰炸机。

⊙麦克阿瑟在菲律宾的部队，除了1.2万名美军外，大多是训练和装备极差的菲律宾军队和民兵。他们在日军的攻击面前不堪一击，迅速溃败。图为日军进攻菲律宾前，美军上校拉尔夫·麦克考在检阅菲律宾第四十五步兵营的一个排。

⊙巴丹刚一陷落，日军就把全部的力量都放在了一万五千名疲惫不堪、士气低落的科雷希多岛的防守士兵上，这些刚到达菲律宾不久的美国海军陆战队员也陷入最后的防御中，并最终投降。

⊙珍珠港事件第二天，罗斯福佩戴着哀悼死难将士的黑纱，在对日宣战书上签了字。

⊙ 1941 年 12 月 24 日，入侵菲律宾的日军司令本间雅晴中将登陆吕宋岛，他的计划原本是在马尼拉将麦克阿瑟的 1.2 万名美军包围歼灭，但没想到麦克阿瑟见势不妙立即就做出了战略撤退，此时美军已全部撤到巴丹半岛，在那里构筑起新的牢固防线。本间的部队五个月未能动摇这条防线。

⊙进攻菲律宾的日军正穿越美军撤退时摧毁的一处军事设施，浓烟从燃烧的油罐中升上半空。

⊙ 1942 年 2 月，退守巴丹半岛的麦克阿瑟将军与菲律宾总统奎松一起在科雷希多岛商议如何阻止日军的进攻。

⊙ 1942 年 3 月，美军节节溃退，退守巴丹半岛的麦克阿瑟闷闷不乐。

⊙1942年3月11日，麦克阿瑟和他的参谋长萨瑟兰在离开菲律宾撤向澳大利亚之前，在科雷希多岛上。麦克阿瑟发誓："我还要回来的！"后来，他实现了诺言。

⊙ 1942 年 3 月 11 日，麦克阿瑟乘鱼雷艇撤离菲律宾，前往澳大利亚组建新的太平洋战区指挥中心。临行前，他在码头上与温赖特将军告别，麦克阿瑟把最后一包香烟和两瓶刮脸膏作为告别礼物送给了他。温赖特随后被任命为中将，接替了麦克阿瑟的驻菲美军总司令职务。

⊙ 1942 年初，麦克阿瑟从菲律宾撤退到达澳大利亚的墨尔本后，受到当地群众的热烈欢迎。

⊙ 1942 年 4 月 9 日，7.5 万名美军和菲律宾军队在巴丹半岛向日军投降。这是美军历史上缴械投降的最庞大的一支部队。

⊙ 1942年4月9日，由爱德华·金少将率领的美军在巴丹半岛经历了一番残酷血战，终于支持不住，向日军投降。图为攻占了巴丹半岛一处美军炮台的日军在欢呼胜利。

⊙ 7.5万名饥病交加、精疲力尽的俘虏兵，在烈日的暴晒和日军刺刀的威逼下开始在巴丹半岛的丛林中长途跋涉，前往一百余公里外的圣费尔南多战俘营。这次可怕的“巴丹死亡行军”，共夺去了七千多名战俘的性命，在历史上写下了悲惨的一页。

⊙ 1942 年 5 月 7 日，驻菲美军总司令温赖特将军在迫不得已的情况下，为了避免不必要的牺牲，忍受着个人的耻辱在投降书上签了字，并哽咽着向菲律宾全国广播了投降书，命令所有美菲军队遵守投降条件，停止抵抗。

⊙麦克阿瑟在澳大利亚眺望被日军占领的菲律宾，心中充满了感慨。

第六章 “车轮”大战

美国政府为表彰麦克阿瑟在菲律宾的英勇行为，特授予他国会荣誉勋章。这是麦克阿瑟等了二十八年才得到的最高奖赏。在美国国内，这位“蒙难君主”成了光彩夺目的英雄。一些街道、场馆、建筑、孩子，甚至一种舞步都以他的名字命名。在澳大利亚，他也是一个人尽皆知的英雄。然而在公众的视线之外，麦克阿瑟忍受着难言的痛苦。

本来麦克阿瑟满怀希望地来到澳大利亚，希望能找到一支强大的陆军和空军，然后率领他们打回菲律宾，解救被围困在巴丹半岛和科雷吉多尔的部队。当他面对微弱到连自身都处在危险之中的澳大利亚军队时，麦克阿瑟沉默了，脸色变得死一样惨白，膝盖弯曲，嘴唇抽搐。可以说，在刚刚到达澳大利亚的六个星期内，是麦克阿瑟一生中最为消沉的日子。

命运像是在捉弄麦克阿瑟似的，正当他精神颓废、垂头丧气的时候，北太平洋司令尼米兹上将却在太平洋上取得了两次重大胜利。一次是 1942 年 5 月 4 日至 5 月 8 日，在澳大利亚北部岛屿群的珊瑚海，为阻止日军占领澳大利亚前哨阵地的莫尔斯比港进行了著名的珊瑚海海战。这是二战中首次航母对攻战。虽然双方各损失重型航母一艘、重创一艘，打成了平手，但这是日军开战以来首次遭到较大的损失，也是日军第一次未达成它的既定目标。这次海战，第一次显示了美军的实力，打破了日军不可战胜的神话，鼓舞了美军士气。另一次是 1942 年 6 月 4 日，在北太平洋的中途岛进行了更大规模的航母会战，一举击沉日军全部四艘重型航空母舰、一艘重型巡洋舰，而自己仅损失一艘航母。这一仗给日军海军以致命打击，使之再也无法恢复元气。这次打击大大削弱了日本在海上肆意发动进攻的能力。事实上，正是由于珊瑚海海战和中途岛之战使日军海军航空兵遭到了重大打击，带来了美国太平洋战争的大转折。

这时，麦克阿瑟拥有的军事力量也已经开始改变。善于打硬仗的澳军第六师、第七师已经奉调回国，两个美军师第三十二师、第四十一师已经开到。

澳大利亚征集了十个陆军师，其中八个师已在训练中。空军力量也在稳步增长，在东北部的新机场，已使其轰炸机离日军在所罗门、新不列颠和新几内亚的基地近了许多。

受尼米兹珊瑚海和中途岛胜利的鼓舞，麦克阿瑟重新振作起来。他在六月初向美国政府提出了一个更加雄心勃勃的计划。

他决定分兵三路：第一路从科科达小路追击敌人；第二路采用迂回战术，从莫尔兹比港以东翻越欧文斯坦利山脉，从背后切断日军的退路，将日军在回到布纳前合围在平地上；第三路从米尔恩湾沿巴布亚海岸向布纳进行侧面交锋。这是一个大胆的计划，尤其是第二路，意味着盟军要像日军一样接受艰难山路的考验。日军边打边撤，而参加合围作战的部队却经历了最艰苦的磨炼和考验：雨下个不停，山道泥泞，深水过膝，再加上皮肤病和蚊虫的叮咬，使本来就艰辛的长途跋涉变得更加漫长。这是一条比“该死的敌人”更“该死”的山道。11 月 14 日，麦克阿瑟下令按照原计划执行。

11 月 16 日，美军向盘踞在布纳的日军发起了总攻。部队分兵几路向各自的目标靠拢。12 月 5 日，兵精粮足的三十二师重新投入战斗，经过殊死拼杀后终于夺取了戈纳。但盟军只是在名义上夺取了戈纳和布纳，在布纳附近还有上万日军守在坚固的阵地上。要最终把日军赶走还要有一段艰苦的过程。在此后的战斗中，几乎是每走一步都要付出血的代价，甚至出现了令人“绝望的局面”。直到圣诞节后的 1 月 3 日，形势才逐渐明朗。1 月 22 日，美澳军全歼尚未撤走的日军，使巴布亚战役很快宣告胜利。 在瓜岛方面不甘心失败的日军卷土重来，开始对瓜岛展开新的攻势。二月中旬，日军的进攻受挫，节节败退，死伤无数。这迫使日军做出停战决定。

瓜岛战役随着日军的撤离而告结束。瓜岛及巴布亚战役的胜利是太平洋战争的重要战略转折点，日军由全面进攻转入全面防御。他们所损失的不光是日本将士的性命及其精锐的武器装备，更重要的是他们的士气，从此一蹶不振。

经过半年多的布纳、瓜岛苦战，麦克阿瑟也认识到仅靠有限的兵力去夺取既定的日军据点是不够的。因而，他打电报给马歇尔，再次要求向西南太平洋方向增援部队。马歇尔也不再吝啬，他为麦克阿瑟派来了援军——陆军中将沃尔特克鲁格，并由他任美第六集团军司令。该军团下辖部队除第一军外，还有威名远扬的第一海军陆战师。

经过六个月的作战间歇之后，麦克阿瑟于 1943 年 6 月 30 日发起了强大的“车轮”战役。这是战争史上最为复杂的一次军事行动。其战线绵延近千英里陆地和海域，投入作战的有来自许多国家的上万名士兵、飞行员、水手，数百架飞机、几百艘舰只和潜艇。这些部队形成两把巨大的钳子，旨在包围腊包尔：一支部队指向所罗门群岛，另一支指向新几内亚东海岸。

十一月间，麦克阿瑟开始为攻占新不列颠做准备，任命有丰富海战经验的原北太平洋部队司令金凯德海军中将为他的第七舰队司令，极大地加强了他的海军力量。12 月 15 日，一一二骑兵团在新不列颠南部的阿拉维登陆成功。12 月 26 日，第一师在西部的格洛斯特角登陆。在这里，他们在泥泞的沼泽中与日军苦战了三天，以阵亡三百人、伤一千人的代价站稳脚跟。这次战斗是美国海军陆战队在第二次世界大战中的最后一次丛林战。

1944 年 3 月，麦克阿瑟获悉，日军正准备在荷兰蒂亚建立新的防御工程，并计划向北面增援兵力。若该计划得逞，无疑将成为麦克阿瑟西进道路上的又一个腊包尔！面对新情况，麦克阿瑟脑海中浮现出了一个大胆的行动计划：回避汉萨湾和韦瓦克，直取五百英里外的荷兰蒂亚，若能拿下该处，即可打破日军的行动计划，断其后路，使西进时间提前几个月。

庞大的舰队从新几内亚西部的基地出发，向北迂回。这支舰队行驶到目标以北的海域后，掉头向南分别朝荷兰蒂亚、艾塔佩驶去。4 月 22 日清晨，一路袭击了荷兰蒂亚，另一路袭击了艾塔佩，突袭取得了完全成功。日军执勤部队正在吃早饭，当看到美军上岸后，他们丢下饭碗向大山里逃去。

在一年多的时间里，麦克阿瑟运用蛙跳战术，冲破敌人层层防线，向西跃进了一千八百多英里，北进了一百英里，距棉兰老岛只有五百英里了。

在三方聚首的高级会议上，当总统问道：“道格，我们从这里再往哪儿去？”他毫不犹豫地回答：“莱特岛，总统先生，然后吕宋。”

⊙ 1942 年 5 月 3 日至 9 日，美日之间的激战首先在太平洋珊瑚海展开。日军轻型航母“祥凤”号在珊瑚海海战中被美军鱼雷击沉。5 月 8 日，美军“列克星敦”号航空母舰在珊瑚海海战中受到日本俯冲战斗机的攻击，起火燃烧。图为美国海军驱逐舰和巡洋舰派出救援汽艇去援救处于大火之中的“列克星敦”号航母上的船员，救援汽艇上挤满了航空母舰上的幸存者。

⊙ 1942 年 6 月 4 日，在中途岛海战中，美国海军的“无畏”式俯冲轰炸机升空攻击日本舰队。

⊙百武晴吉中将，日本第十七集团军司令。在 1942 年同时指挥巴布亚战役和瓜达尔卡纳尔战役的过程中，百武中将面临一个进退两难的问题：是将支援巴布亚军队的重要物资给瓜达尔卡纳尔部队以加强反击，还是冒着在瓜达尔卡纳尔被打败的风险继续执行原定计划？他选择了后者，结果两场战役都输了。

⊙ 1942 年 7 月，麦克阿瑟和他的参谋长萨瑟兰在澳大利亚东部港口城市布里斯班。

⊙从 1942 年 7 月 22 日至 1943 年 1 月 22 日，巴布亚战役整整进行了半年的时间。图为因胜利而神采飞扬的澳大利亚士兵，他们刚刚从沼泽地中爬出来。

⊙ 1942 年 8 月，麦克阿瑟在野外。

⊙1942年8月24日，日美双方的航母编队在东所罗门群岛海域展开对攻战，结果日本损失一艘小型航母和九十架飞机，美国“企业”号航母遭重创，损失飞机十七架。这是在受伤后向左舷倾侧的“企业”号航空母舰上，甲板地勤人员正在重新定位即将起飞的飞机。

⊙这是一张从一架美国进攻的飞机上拍摄的照片，当时美国第五航空队的B-25机正在轰炸一艘日本的护卫舰。由于美国空军飞机成功地摧毁了大量的日军战舰，因此，在战争的后期，日军防御各个岛屿的实力大大减弱。

⊙西南太平洋战区盟军陆军总司令布莱梅将军（左）和新几内亚美军地面部队指挥官艾克尔伯格少将，在巴布亚战役中一个被占领的日军堡垒入口处合影。

⊙在 1942 年的巴布亚战役中，澳大利亚士兵正摇摇晃晃地通过临时搭起的人行桥，向库姆西河对岸的敌军进攻。

⊙ 1942 年，一个在布纳附近的战斗中受伤的澳大利亚士兵被一个巴布亚人轻轻地搀扶到安全地带。

⊙ 1942年底，麦克阿瑟将军与士兵交谈。他当时在看望澳大利亚士兵，此时澳大利亚士兵正在对固守布纳的日军作战。

⊙在布纳战役中，蹲伏在一个圆木掩体后面的美军士兵，正在操纵一挺 30 毫米口径的机枪向深壕中躲藏的日军士兵射击。

⊙ 1942 年，三个被隐藏在洞穴中的日军打死的美国士兵横躺在布纳海滩上，尸体上已经爬满了蛆。

⊙ 1943 年，麦克阿瑟将军的副官科特尼·惠特尼上校想出了一个聪明的主意，那就是运用他的总司令的著名誓言“我会回来”制作大量宣传品，鼓舞美军和美国人民打击日本的信心。很快，麦克阿瑟的这句名言，成为美国和抵抗日军的战场上最流行的战斗口号之一。图为一本送给菲律宾抗日游击队的新闻杂志的封面，上面是麦克阿瑟的头像和他的“我会回来”的名言。

⊙ 1943 年 1 月 24 日，卡萨布兰卡会议结束。罗斯福向记者们宣布，盟国将迫使轴心国军队“无条件投降”。这一声明无论对于同盟国方面还是对于轴心国方面，无疑都是一种压力。对于同盟国来说，它意味着政治解决已被完全放弃，必须倾其全力消灭敌人；对于轴心国来说，它意味着已无别的道路可供选择，必须倾其全力顽抗到底。

⊙ 1943 年 2 月 7 日，瓜达尔卡纳尔岛战役以日军的撤退宣告结束。这次战役标志着太平洋战局的转折，从此，美军就由防御和局部进攻转为全面进攻了。图为美国步兵穿过海岸环形防御阵地。

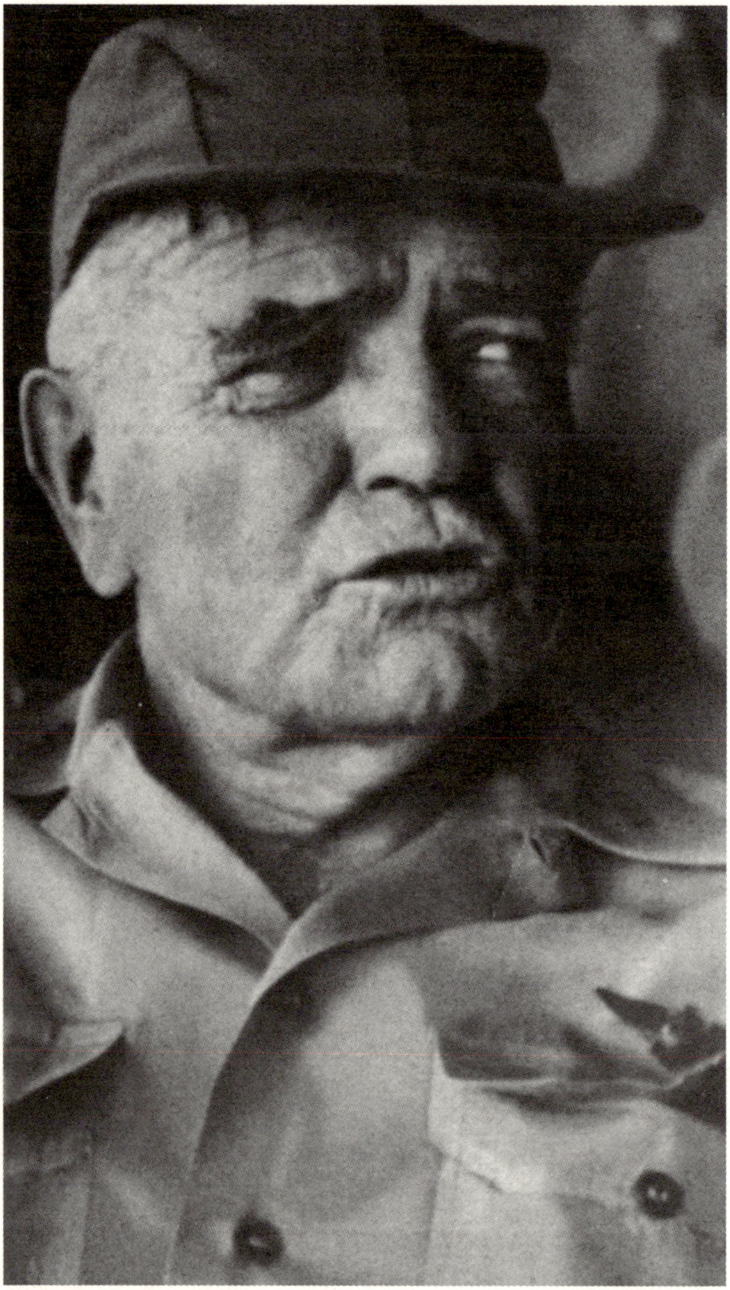

⊙图为哈尔西。1943 年 4 月 15 日，人称“蛮牛”的美军上将，也是南太平洋战区的总指挥官哈尔西与麦克阿瑟举行第一次会晤。这两个人一见如故，很快便成了莫逆之交。

⊙ 1943 年 6 月 30 日，太平洋战区盟军发起新乔治亚群岛登陆战役。

⊙ 1943 年，麦克阿瑟麾下的美空军第五航空队的王牌飞行员理查德・博少校，其驾驶着他的 P-38 战机将要出发。他是二战中美军最牛的王牌飞行员之一。

⊙ 1943 年 8 月 15 日，在“车轮”大战行动中，哈尔西麾下的六千名登陆部队，几乎未遇抵抗就登上了韦拉拉韦拉岛。这是那天拂晓时的情景。

⊙ 1943 年 8 月中旬，美英两国的军事首脑们在加拿大的魁北克举行了代号为“四分仪”的会议。会议上，麦克阿瑟的作战计划被修改，“车轮”大战行动的结束被改在新不列颠岛和布干维尔，而不是如麦克阿瑟所预想的以攻占腊包尔结束。但尼米兹的中太平洋作战计划却得到通过，这使麦克阿瑟略感不快。图为罗斯福、丘吉尔及英国外交大臣艾登（前左）等在一起。

⊙ 1943 年，克鲁格、麦克阿瑟和马歇尔在南太平洋。

⊙ 1943年9月3日，麦克阿瑟在新几内亚的莫尔兹比港观察完伞兵部队空降训练之后，同座驾的飞行员握手。

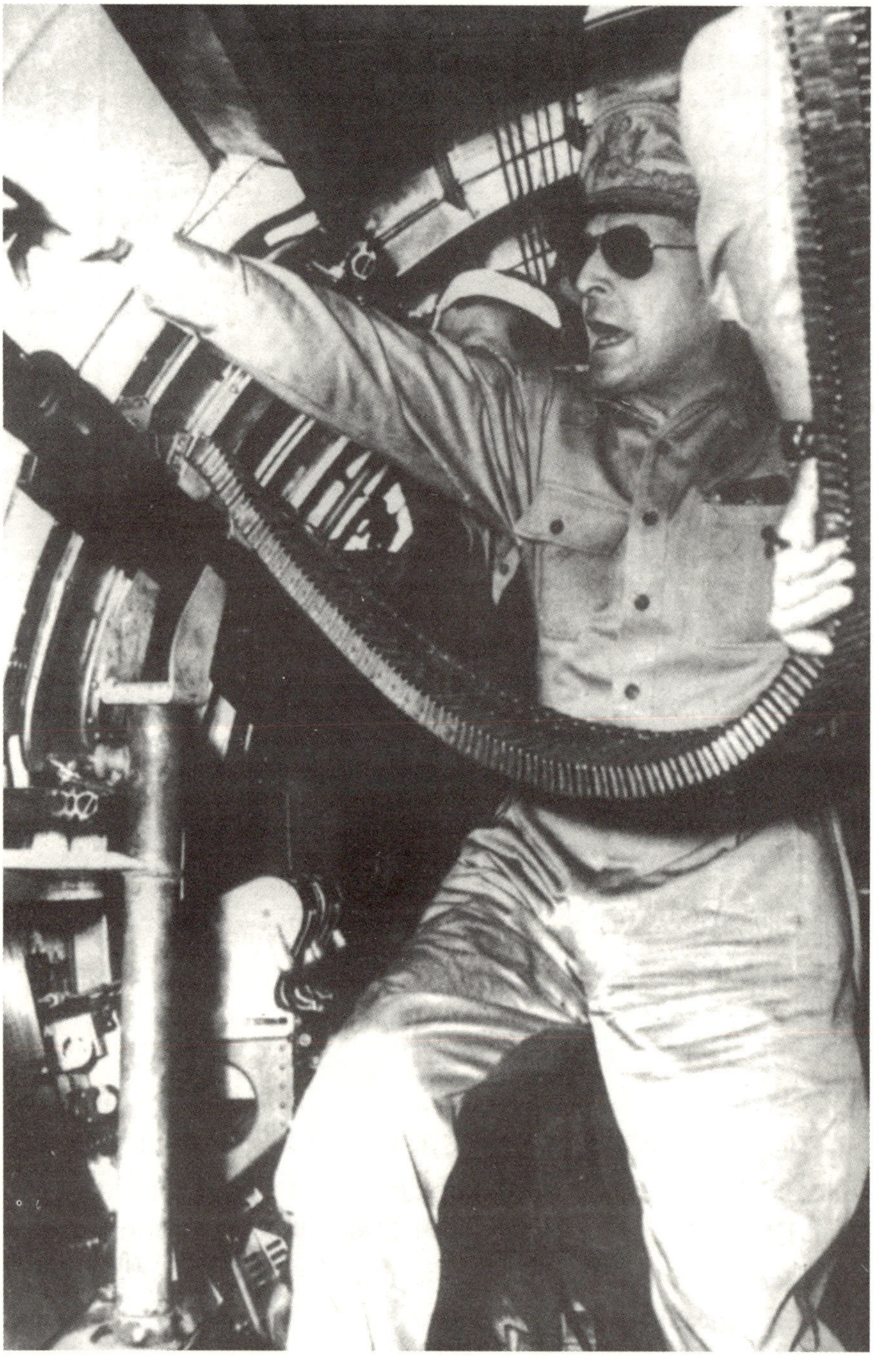

⊙ 1943 年 9 月 5 日，麦克阿瑟在飞机上指挥伞兵部队在莱城的空降作战行动。

⊙美国伞兵跳出机舱，空降到莱城西面的纳德扎布机场。

⊙ 1943 年 11 月 20 日，尼米兹上将指挥的中太平洋攻势开始了。在塔拉瓦岛登陆作战中，美军遇到四千余日军的顽抗，付出了伤亡三千余人的代价，才于 11 月 29 日攻占这块弹丸之地。图为在塔拉瓦岛海岸上的美军士兵尸体。

⊙ 1943 年 12 月 14 日，麦克阿瑟等人在巴布亚新几内亚的新不列颠研究格洛斯特角的地形图。

⊙ 1943 年 12 月 26 日，美国海军陆战第一师在新不列颠岛西端的格洛斯特角登陆。为了夺取当地的机场，他们在泥泞的沼泽地里与日军第十七师苦战了三天，才在那里站稳脚跟。

⊙ 1943 年底，麦克阿瑟和当地美军士兵在南太平洋。

⊙ 1943-1944 年的麦克阿瑟，照片上的文字为：To Admiral Nimitz. With regard and admiration. Douglas MacArthur。

⊙ 1944 年，麦克阿瑟在菲律宾群岛美军第四十三师指挥所。

⊙ 1944 年初，麦克阿瑟在阿德默勒尔蒂岛视察。

⊙ 1944 年 2 月 22 日，美军攻克了埃尼威托克岛，但付出了惨重的代价。图为一名美国海军陆战队士兵的尸体躺在沙滩上，他手里仍然抓着步枪，另一支步枪插在沙地上，它像一个临时的墓碑矗立在海滩。

⊙ 1944 年 2 月 29 日，在轰炸洛斯内格罗斯岛的战斗中，麦克阿瑟和托马斯·金凯德海军中将亲自指挥作战。

⊙ 1944 年 2 月 29 日，巴布亚新几内亚阿德米勒尔蒂群岛，麦克阿瑟和副官劳埃德上校正在检查重型舰炮轰击的效果。

⊙在清除太平洋岛上的日本士兵时，美军不得不搜寻每一处草丛、每棵树的后面。图中这些海军陆战队的队员们，正冒着生命危险搜索一处日军士兵的藏身处。

⊙ 1944 年 3 月 27 日，麦克阿瑟和尼米兹在澳大利亚布里斯班的指挥部。

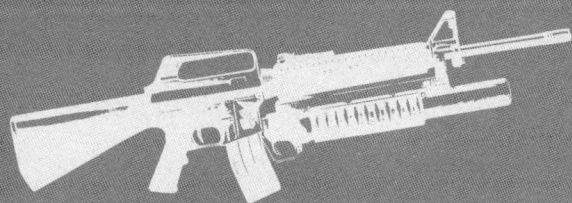

⊙ 1944 年 4 月，美军登陆舰载满了军队和装备向荷兰蒂亚岛进攻。远处的山脉在清晨天空的映衬下十分醒目。

⊙美军在新几内亚北海滩登陆。

⊙ 1944 年 4 月 22 日，在新几内亚岛的艾塔佩，美军成功登陆并建立了大片的滩头阵地。

⊙ 1944 年 7 月 2 日，麦克阿瑟的部队在农福尔岛登陆。

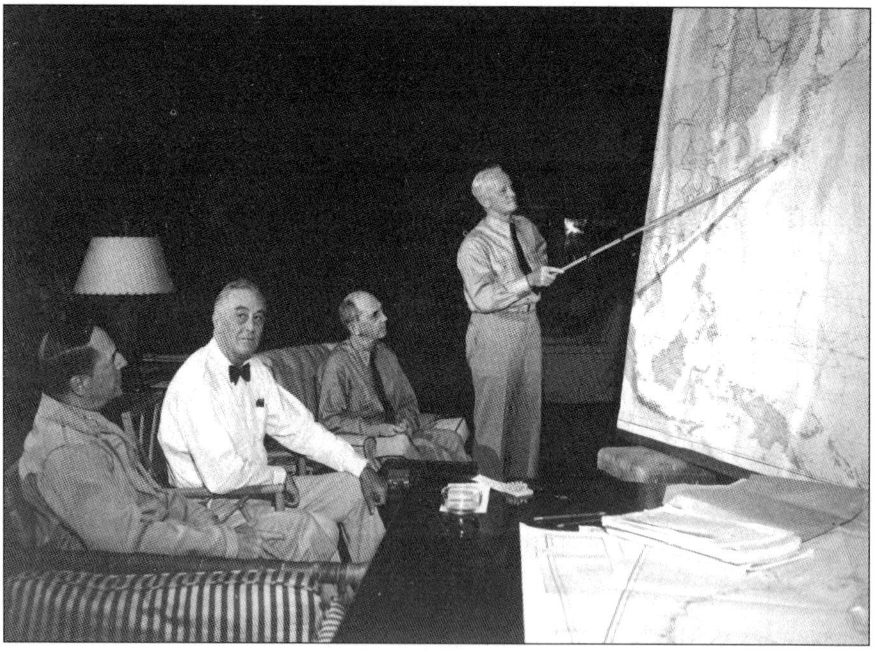

⊙ 1944 年 7 月 26 日 -8 月 10 日，罗斯福同麦克阿瑟、莱希、尼米兹在夏威夷开会讨论军情。

⊙ 1944 年 7 月，美国西南太平洋战区总司令麦克阿瑟和太平洋战区总司令尼米兹海军上将讨论未来的作战方略。

⊙第二次世界大战中的三位美军著名人物：麦克阿瑟（左）、罗斯福（中）、尼米兹（右）。1944 年 7 月 26 日，三人在珍珠港 USS 巴尔的摩号上。

⊙第二次世界大战中的三位美军著名人物：麦克阿瑟（左）、罗斯福（中）和尼米兹（右）。

第七章 重返马尼拉

1944年9月21日，麦克阿瑟签发了进攻莱特的战役计划。10月10日—15日，麦克阿瑟庞大的两栖部队从荷兰蒂亚和马努斯出发，踏上征程。麦克阿瑟在10月14日和琼告别时说："我不回来了。"他的意思是他将一直在前线作战，并留在那里。10月20日，天刚放亮，金凯德的战列舰就打响进攻莱特的第一炮。很快，整个海岸线成了一片火海。南、北两栖登陆部队，只遇到微弱的抵抗就占领了滩头阵地。下午一点多，麦克阿瑟换了一套新的卡其布军装，头戴战斗帽，鼻梁上架着一副墨镜，手里拿着那只玉米芯烟斗，和流亡的菲律宾总统奥斯梅纳，以及萨瑟兰、肯尼等司令部人员，还有新闻记者，乘两艘登陆艇一同向红滩驶去。登陆艇离海岸越来越近。在离岸还有几十米的地方，麦克阿瑟等人跳进齐膝深的海水，朝岸上走去。这是第二次世界大战中最著名的情景之一，它向全世界表明，麦克阿瑟终于实现了他的诺言。麦克阿瑟也认为，从登陆艇到岸上只有几十步，"但却是我有生以来意义最深长的脚步"。

10月23日，麦克阿瑟和奥斯梅纳一行人，在省议会大厦的台阶上举行了菲律宾政府复位的正式仪式。麦克阿瑟向聚集在那里的人们宣布，菲律宾政府重新建立起来了。他的讲话很短，但每一句话都招来众人的热烈欢呼。随后，军号吹响，美国国旗和菲律宾国旗同时升起。

就在这一天，美日舰队在莱特湾开展了一场历时四天的大海战。在这场史无前例的大海战中，日军付出了惨重的代价，共损失四艘航母、三艘战列舰、十艘巡洋舰和九艘驱逐舰。美军仅损失一艘轻型航母、两艘护航航母、两艘驱逐舰和一艘护卫舰。日本海军主力基本被消灭，从此再也组织不起一支像样的舰队了。

进攻吕宋岛的战役是第二次世界大战中麦克阿瑟指挥的最后一仗，也是最大最复杂的一仗。

12月13日，进攻部队开始出发驶向民都洛。12月15日中午，进攻部队占领了全岛所有目标。这里土质坚硬，是修机场的理想之地。经过工兵部队的努力，五天后，肯尼就把战斗机转移到了民都洛。

麦克阿瑟攻占了民都洛，也就打开了通往吕宋岛的南大门，进攻吕宋岛的主力部队已在各个港口集结。克鲁格所指挥的二十万地面部队中，十三万人参加战斗，其余七万为后勤保障。另外，还有一支八万人的预备队，这样，地面部队多达二十八万，而海上参战的舰只也在一千艘以上。这是太平洋战争迄今为止最大的战役。1945 年 1 月 4 日，麦克阿瑟亲率大军北伐。这支庞大的舰队在行进途中保持无线电静默，只能听见海浪拍打海岸的声音。重返马尼拉，令麦克阿瑟百感交集，一种难以名状的伤感和悲壮的思绪向他袭来。这使他回想起三年前的那个夜晚，怀着一定要打回来的决心，颠簸在同一个海面上，虽然时过境迁，但雄心依旧。1 月 9 日拂晓，进攻部队到达林加湾海岸，海上舰船密布，景象壮观。九时三十分，部队换乘几百艘登陆艇向岸上冲去。

麦克阿瑟随第三十七师首先进入市界，他于 2 月 7 日巡视了圣托马斯和老比利比德监狱。一名战俘流着泪哽咽着对他说："您回来了！"麦克阿瑟满怀激情地回答："我回来晚了，但到底回来了！"麦克阿瑟终于履行了诺言，回到了马尼拉，全世界为之振奋。

六月初，离预定进攻日本本土还有五个月的时间。这时，南征作战行动已接近尾声，麦克阿瑟开始了战场"大巡视"。6 月 3 日，麦克阿瑟一行在马尼拉登上"博伊斯"号巡洋舰。他们先到达民都洛，后又沿着麦克阿瑟从科雷吉多尔逃出时走过的路线驶往棉兰老。6 月 5 日，他在棉兰老登岸，巡视过去常去的老地方，并看望了第三十一师的士兵。6 月 8 日，麦克阿瑟赶往文莱视察在那里进行的登陆。麦克阿瑟一行在奥军登陆两个小时后上岸。此时还不断传来日军机枪射击的声音，一名随行的记者被冷枪射中了肩膀。但麦克阿瑟却若无其事，一边继续向前走着，一边与士兵交谈。次日，麦克阿瑟不顾劝阻，再次登岸巡察。突然，一挺日军机枪咆哮起来。除了麦克阿瑟以外，一行人立刻卧倒在地，唯独他站在那里，毫不畏惧地挺直腰杆。他手中拿着地图，全然不为所动。

在得知第一颗原子弹爆炸后，麦克阿瑟认为，从军事角度讲，这完全没有必要。但所有人的心中都有一种得到解脱后的轻松感，整个太平洋地区的国家都沉浸在一片欢腾之中。

⊙ 1944 年 9 月 15 日，麦克阿瑟第七两栖作战部队的 2.8 万人登上莫罗泰岛。这是美军士兵排成纵队涉水登陆，搅动着莫罗泰岛的海水。

⊙ 1944 年 10 月 20 日，美军对莱特岛进行了大轰炸。当陆战队员接近莱特岛时，看到岛上浓烟滚滚。

⊙ 1944 年 10 月 20 日，麦克阿瑟一行人跳下齐膝深的海水，向菲律宾的莱特岛走去。摄影记者不失时机地拍下了这一动人的涉水上岸场面。这是第二次世界大战中最著名的照片之一，它向全世界表明，麦克阿瑟终于实现了他一定要重返菲律宾的诺言。

⊙ 1944年，美军在莱特岛的坦克登陆舰。

⊙ 1944 年 10 月，麦克阿瑟将军在莱特岛滩头。

⊙1944年10月23日，美、日舰队在莱特湾开展了一场历时四天的大海战。图为10月24日，被日机攻击的美国航空母舰特混人队的『普林斯顿』号轻型航母和正在灭火抢救的护卫舰。

⊙1944年，麦克阿瑟在前线视察。

⊙在莱特岛的一个大教堂里建起的一间临时医院里，一名严重烧伤的美国士兵正躺在担架上，旁边一些赤脚的菲律宾妇女正跪在地上祈祷。

⊙美军第三十二师的步兵们穿过莱特岛的泥泞道路向前艰难行进。泥泞的道路和日军的顽强抵抗，迫使第六集团军的克鲁格将军承认说：“即使前进了一小步，都像是取得了巨大成就。”

⊙美国第六集团军的指挥官沃尔特·克鲁格中将（左）、第十军团的指挥官富兰克林·赛伯特少将（中）和第三十二师的指挥官威廉姆·吉尔少将，在莱特岛的暴风雨和连绵的小雨里，他们身披军用雨衣，在一起讨论战役的进程。

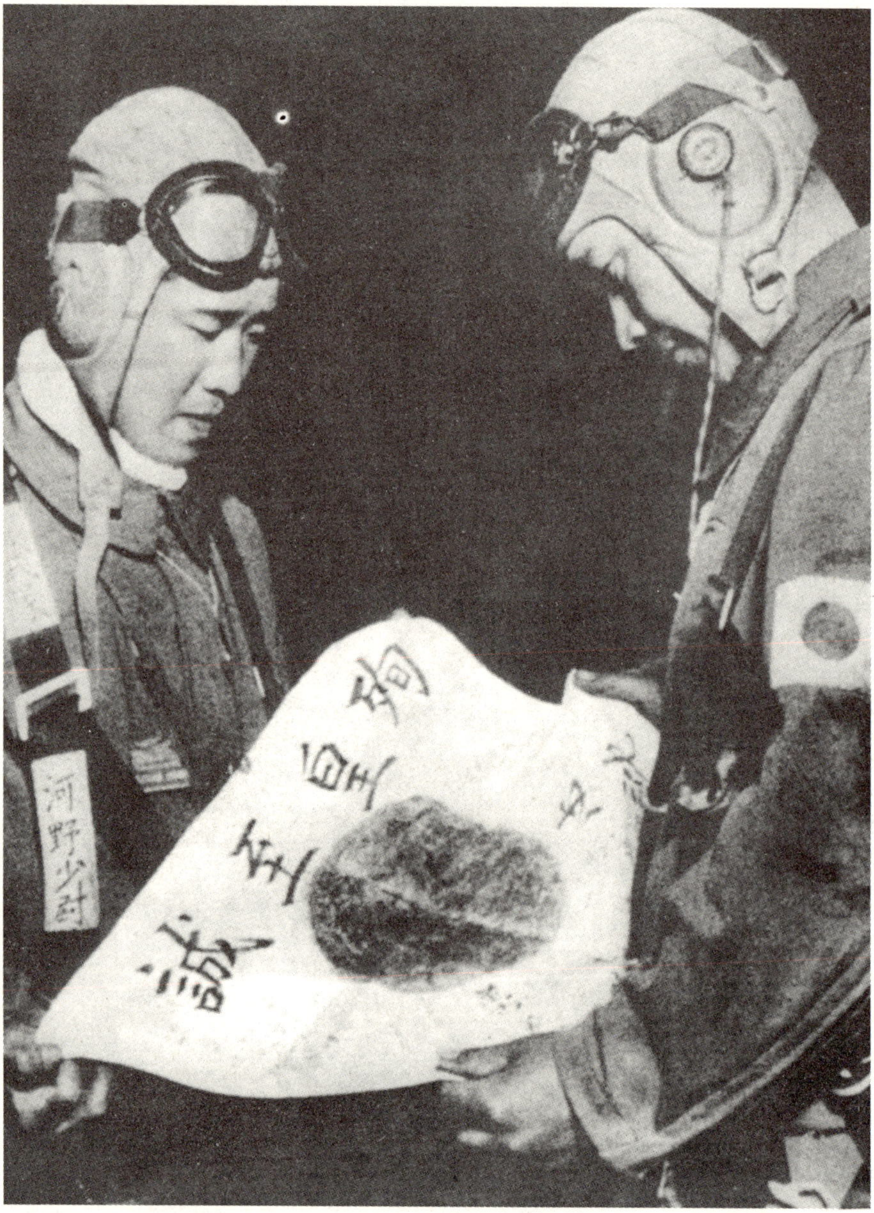

⊙日本“神风”敢死队队员在检查一面旗帜，他们将把它带在身上，执行最后的任务。这面旗上写着：“一切都是为了天皇，我们很高兴为他而死。”

⊙ 1944 年 10 月 30 日，美军“贝劳伍德”号轻型航母，被日军“神风”特攻队的自杀飞机攻击后受伤。

⊙ 1944年12月，麦克阿瑟被晋升为陆军五星上将。

⊙ 1945 年 1 月，麦克阿瑟在吕宋岛视察美军炮兵阵地。

⊙ 1945 年 2 月初，美军进占马尼拉。

⊙美军第五〇三伞降步兵团的乔治·琼斯上校，在科雷希多岛的一个模型上指出进攻的目标，并向他的部下下达空降命令。

⊙一名菲律宾尼姑不顾烧伤的疼痛正在微笑。美国军队刚刚解放了她和几千名被关在集中营的平民。

⊙当麦克阿瑟向全世界宣布“我又回家了”后，他参观了自己 1942 年日军占领前的故居——现在已成了一片瓦砾。1945 年 2 月 21 日，麦克阿瑟站在离别了三年的故居前，感慨万千。

⊙当马尼拉争夺战还在进行时，麦克阿瑟即开始了他的收复巴丹半岛和科雷希多岛的行动，以雪巴丹之耻。照片中，麦克阿瑟在士兵的陪同下，若有所思地看着那些曾给菲律宾带来巨大灾难的日本士兵尸体。

⊙ 1944年2月27日，麦克阿瑟在马尼拉菲律宾国会的台阶上宣布菲律宍解放，并主持了恢复菲律宾立宪政府的仪式。

⊙为了彻底摧毁日本的战争潜力和日军的抵抗意志，创造进攻日本本土的有利条件，美军从 1945 年 3 月起加强了对日本的空中轰炸和海上封锁。图为 B-29 轰炸机飞过日本领土上空。它们大规模地轰炸日本的军队、城市和工业目标。

⊙指挥收复菲律宾战役的麦克阿瑟将军在前线视察。

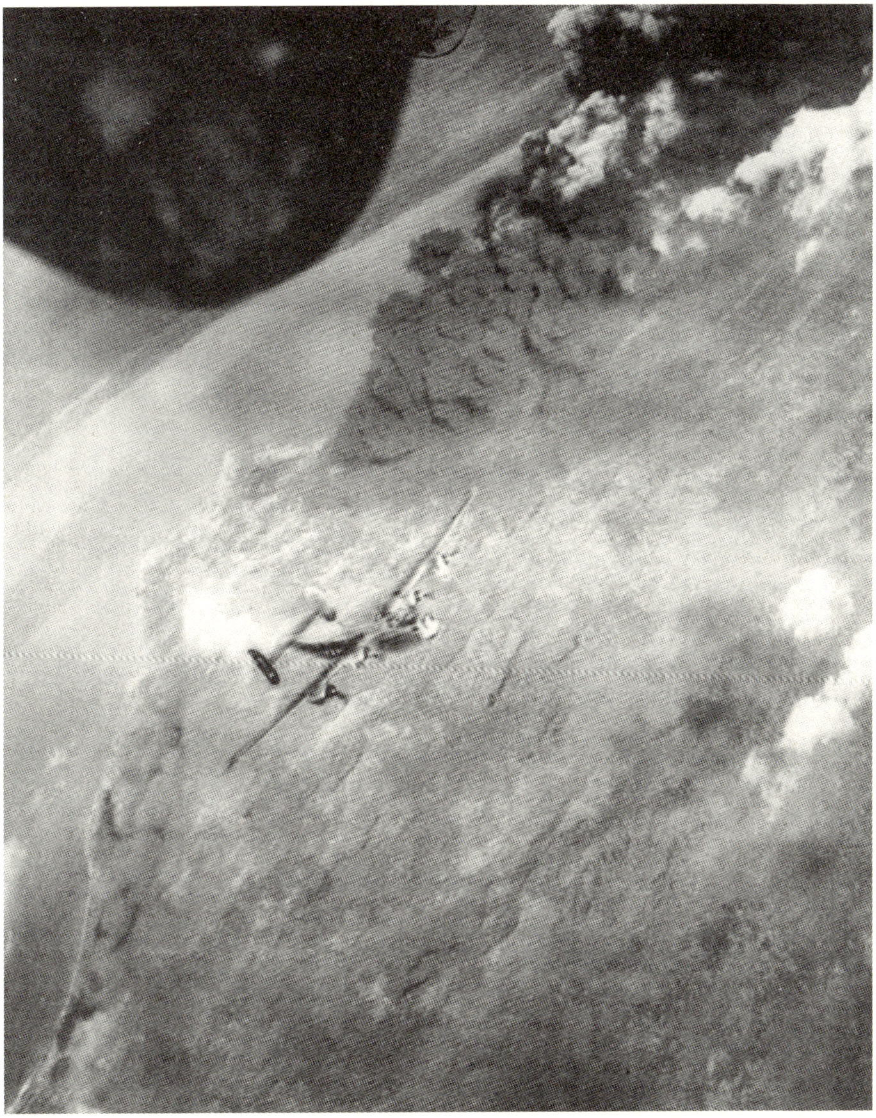

⊙ 1945 年 6 月，婆罗洲战役。一架美军 B-24 轰炸机，完成了对烟雾笼罩着的巴厘巴板的一次轰炸。这时，登陆艇正运载着澳大利亚进攻部队朝海滩驶去。

⊙星条旗在一处日军炮台的废墟上空飘扬。这座炮台在进攻前就已被美国海军的大炮炸成了碎石。

⊙终于自由了！当喜悦的战俘们看着美国国旗在马尼拉市圣托马斯大学行政大楼的阳台上展开时，欢呼雀跃。

⊙ 1945 年 8 月 1 日，菲律宾群岛。图为麦克阿瑟和下属在美国国歌奏响时敬礼。

⊙因为胜利而感到兴奋，并露齿微笑的美国突击队员和菲律宾游击队员。他们从位于马尼拉北部六十英里处的一个日军战俘集中营中，解放了四百八十六名美国士兵后返回了他们的阵地。

⊙ 1945 年 8 月 6 日八时十五分，蒂贝茨上校驾驶“伊诺拉·盖伊”号 B-29 轰炸机在日本广岛一万米上空投下名为“小男孩”的原子弹。四十三秒后，这颗当量为两万

吨梯恩梯的原子弹在距地面六百六十六米处爆炸。顷刻间，广岛大部分市区化为一片焦土，十万人被炸死。

⊙ 1945 年 8 月 9 日，美国原子弹爆炸后，
在长崎上空产生的蘑菇云。

⊙被美军飞机轰炸后的神户。

第八章 接管日本

为了完成受降和对日本的占领，杜鲁门总统任命麦克阿瑟为太平洋盟军总司令。这是自战争爆发以来麦克阿瑟一直在期望、争取、谋求的职务，虽然来得晚了些，但毕竟了却了他的一个心愿。

麦克阿瑟总结了第一次世界大战后他在莱茵地区领导占领军的经验，以及他父亲在任菲律宾军事总督时的经验，他定下了总的调子：不恐吓和刺激日本人，也不故意贬低天皇。一切都是低调子的，坚定而冷静。抵达日本以后，麦克阿瑟让随行人员把随身带的枪支放在飞机上，然后上了一辆老掉牙的林肯牌汽车。开道车是一辆红色消防车，它在发动时发出一阵爆裂声，使不少人惊得跳了起来。从厚木到横滨市只有二十英里的路程，由于日本人提供的汽车速度太慢，而且途中不断抛锚，竟然走了两个小时。途中，道路两旁站着三万名全副武装的日军警卫队，都背朝车队站着，弄得美国人心神不定。麦克阿瑟就是以这样简单的方式来到了日本，有力地显示了他的勇气和魄力。数年后，丘吉尔写道："在这场战争所有惊人的勇敢行动中，我把麦克阿瑟亲自在厚木着陆看作是最伟大之举。"日本学者数尾川合认为："它是彻底解除日本人恐惧最成功的一场心理战"，"是信任日本人良好意愿的姿态。"

9月2日是星期天，上午天空阴云密布，出席投降仪式的盟军官员聚集在停泊在东京湾的"密苏里"号战列舰上。历史性仪式的帷幕拉开了。八时四十三分，日本新任外相重光葵、陆军参谋总长梅津美治郎等十一人组成的日本代表团，乘美国的驱逐舰到达。日本人站得笔直，一言不发，表情阴郁。甲板上和舰桥上都挤满了观看的官兵。九时许，随着一声"全体立正"，舰上立即肃静下来。接着，扩音器里传出美国国歌《星条旗永不落》。所有人在受降书上签过字以后，麦克阿瑟宣布："现在，世界已恢复和平，让我们为上帝永远保佑它而祈祷。仪式到此结束。"整个仪式用了不到十分钟。恰在此时，乌云散开，阳光从云缝中照射下来。近两千架美军飞机从天际飞过来，在“密苏里”号上空掠过，形成一幅壮丽的画面。

受降仪式结束后，作为盟军最高统帅的六十五岁的麦克阿瑟，就成为七千万日本国民的最高统治者。他所面临的不仅仅是占领，还要实现《波茨坦公告》规定的摧毁日本的战争潜力和惩治战犯两项既定目标，而且要在物质和精神上重建这个几乎被战争彻底破坏的国家。

9 月 19 日，麦克阿瑟的家人乘飞机到达厚木。麦克阿瑟在没有带任何武器和武装人员的情况下去迎接那架飞机。在去东京的路上，琼看到路旁的日本士兵，问丈夫道：“安全吗？”麦克阿瑟回答说：“绝对安全。”他每周工作七天，每天都工作到很晚。他从不过节假日，甚至连圣诞节和复活节也不例外。除了偶尔去东京机场迎送重要官员外，他从未在日本旅行过。他也从不参加晚会和招待会。在位的五年零七个月里，他只有两次离开过日本：一次是 1946 年 7 月 4 日，他飞往马尼拉参加菲律宾独立日的庆祝活动；另一次是 1948 年，他飞往汉城，参加“大韩民国”成立仪式。麦克阿瑟的日常生活非常固定。他的活动简单地说就是“两点一线”，即大使馆、办公室及两地的往返路线。从大使馆到“一号大楼”要走五分钟。一路上交通警察大开绿灯畅通无阻，天天如此，以致成了吸引游人的一大景观。每天都有许多人聚集在大使馆和“一号大楼”门外，以便一睹将军的风采。要是有刺客打算刺杀他的话，将是世界上最简单不过的事。

麦克阿瑟所面临的首要任务，是使日本非军事化，其中包括六项主要计划。这些计划是：遣散军事人员、销毁军事装备、粉碎军事工业体系、清洗国家机关和重要工业中的军国主义分子、审判战犯、废除神教。

在这些使日本非军事化的计划还在实施的时候，麦克阿瑟和盟军最高司令部还实施了其他使日本民主化的积极计划。其主要步骤有五个：制定一部新宪法，建立地方政治自治机构，进行工地、劳工和教育改革。最重要、最复杂、对日本社会影响最大的要算新宪法的制定。这个新宪法是介于英国和美国宪法之间的产物。它把天皇降低到了作为日本“象征”的地位，把真正的主权授予人民。它建立了一个像美国政府那样的三位一体的全国政权，即立法机构、司法机构和行政机构。宪法中还包含着著名的非战争条款：“人民永远放弃把战争作为国家的神圣权力，绝不使用或以使用武力相威胁作为解决国际争端的手段。”绝不再建立陆军、海军或空军。这一宪法是由天皇和麦克阿瑟于 1946 年 3 月 6 日颁布的，于 1947 年 5 月 3 日开始生效。

在 1951 年 4 月麦克阿瑟被解职时，吉田茂首相在向全国发表的广播讲话中动情地说：“麦克阿瑟将军为我国利益所作的贡献是历史上的一个奇迹，是他把我国从投降后的混乱的境地中拯救了出来，并把它引上了恢复和重建的道路，是他使民主精神在我国社会的各个方面牢牢扎根。”

这时的麦克阿瑟虽然剥下了天皇的神圣外衣，但他却取代天皇成了日本的绝对统治者，摆出了似乎他自己就是上帝的架势。他不仅陷入了极端的想入非非之中，而且还得了偏执狂。他深居简出，脱离社会活动，过着修道士一般的生活，很少有人能见到他。他自己则说：“我现在只看得起两个人——乔治·华盛顿和亚伯拉罕·林肯。”在这种不正常的思想状况下，在一些热心而又持保护态度的参谋人员的不明智劝告下，以及对美国政府不满的一伙人的支持下，他产生了竞选总统的想法。

1948 年，又值美国大选年。当总统选举揭幕时，麦克阿瑟再次被提起有可能成为共和党候选人。当计算选票时，竞选积极的史塔生大获全胜，他赢得十九名代表的选票，而麦克阿瑟只赢得了八票。在威斯康星的失败，意味着麦克阿瑟竞选的结束。当六月下旬共和党在费城召开全国代表大会时，偏偏有人又把他的名字列入提名人选中。结果在第一轮投票时，他获得一千零九十四张选票中的十一票；在第二轮投票时得七票；在第三轮投票时竟一票也没有了。这种悲剧式的结局对麦克阿瑟是个沉重的打击，大大刺伤了他的自尊心。

1949年秋，中国的解放战争已经取得了决定性胜利。麦克阿瑟认为美国不但没有给蒋介石足够的援助，甚至还同情中共，坚持要蒋介石组成有共产党参加的联合政府，致使力量均势发生了有利于中共方面的变化。后来，杜鲁门在美国参、众两院发表了被称为“杜鲁门主义”的总统咨文，系统阐述了其向“抵抗共产主义势力扩张”的非共产党国家提供援助的理论。美国陆军部长在旧金山发表了“要使日本成为对付共产主义的堤坝”的著名演说。作为占领当局的最高行政官，麦克阿瑟积极推行了美国变日本为“反共堤坝”的政策。他下令禁止公务员参加罢工，并把工人编入公职机构，全面取消国家公务员的团体交涉权和斗争权，从而剥夺了工人运动核心力量的基本人权和政治活动的自由。日本当局在麦克阿瑟的支持下，开始了重要的清共步骤，首先是进行行政整顿、大量解雇公职人员，以达到驱逐共产党员和左翼工会会员的目的。

麦克阿瑟还做了两件事。一件是他积极推动与日本单独讲和。他认为缔结和约和结束占领越快，对美国的亚洲战略越有利。在他的鼓励下，1951年，排除中、苏等国的片面和约在旧金山签署，确立了日本的独立地位，同时也确立了日本在政治和军事上对美国的从属关系。另一件是他实现了对日本的重新武装。朝鲜战争后，由于驻日美军全部开赴朝鲜战场。为了填补美军走后的空白，麦克阿瑟命令日本政府建立一支七万五千人的警察预备队（后改称自卫队）。

从此，日军结束了战后五年没有军队的历史，开始走上重整装备的道路。

⊙ 1945年8月15日，日本天皇裕仁发布投降诏书。

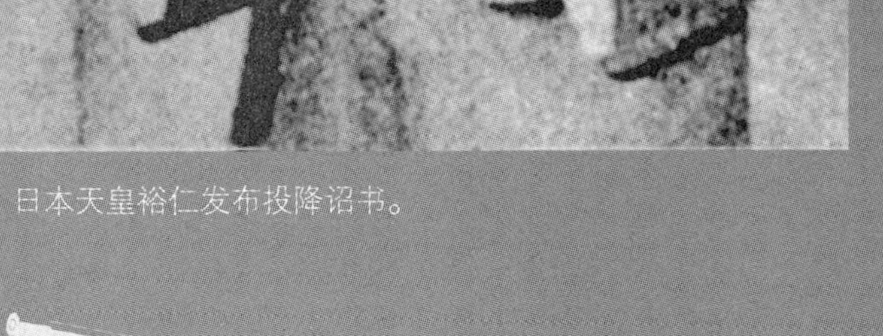

⊙当裕仁天皇做将近五分钟的投降广播时，在关岛的日本战俘肃立倾听，他们的眼睛低垂着。

⊙ 1945 年 8 月 19 日下午，以陆军副总参谋长河边虎四郎为首的日本代表团到达马尼拉，向美军接洽投降事宜，美军情报部长威洛比到机场迎接。

⊙ 1945 年 8 月 29 日，当解放者到来之时，兴奋的盟军战俘在横滨附近的一个营地上挥舞着荷兰、美国和英国的国旗。

⊙ 1945 年 8 月 30 日，麦克阿瑟同美军将领抵达东京厚木机场。

⊙麦克阿瑟在横滨与自己的老部下乔纳森·温赖特将军重逢，此前温赖特已经在日军战俘营里度过了三年。

⊙美国“密苏里”号战列舰驶入东京湾。

⊙ 1945 年 9 月 2 日，日本代表团来到停泊于东京湾的“密苏里”号战列舰上，等待向盟军签署投降文件。

⊙ 1945 年 9 月 2 日，麦克阿瑟和尼米兹来到“密苏里”号战列舰上，参加盟军对日本的受降签字仪式。

⊙日本外相重光葵代表日本天皇和政府在投降书上签字。

⊙海军上将尼米兹代表美国政府在日本投降文件上签字。

⊙麦克阿瑟在受降仪式上签名。他一共用了六支钢笔来签署这一历史性的文件，并将这些钢笔中的五支赠送给了友人和美国的有关部门，他自己永久地保留了一支作为纪念。

⊙中国政府代表徐永昌上将签字，麦克阿瑟伫立在后面。

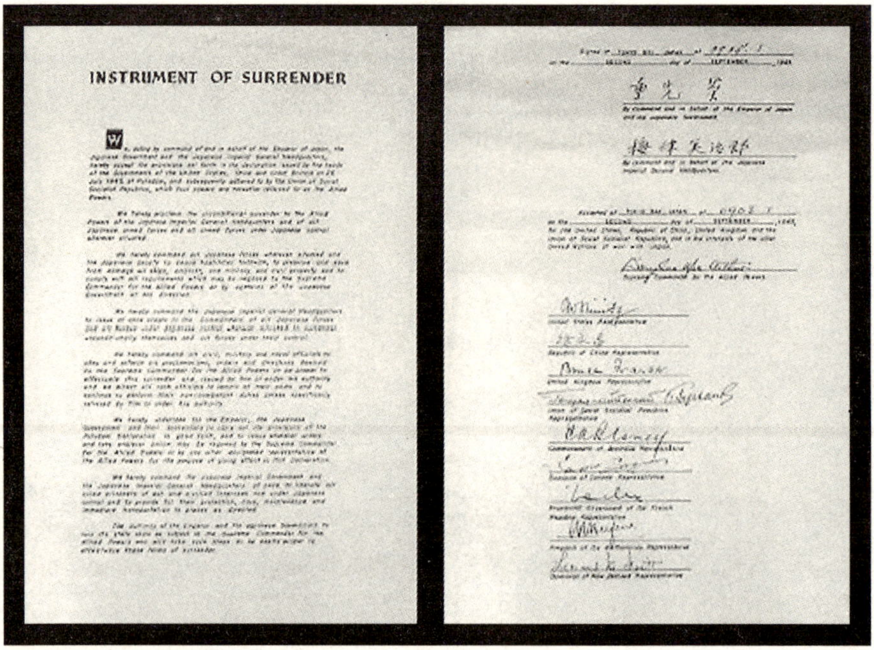
INSTRUMENT OF SURRENDER

⊙日本向盟国无条件投降书。

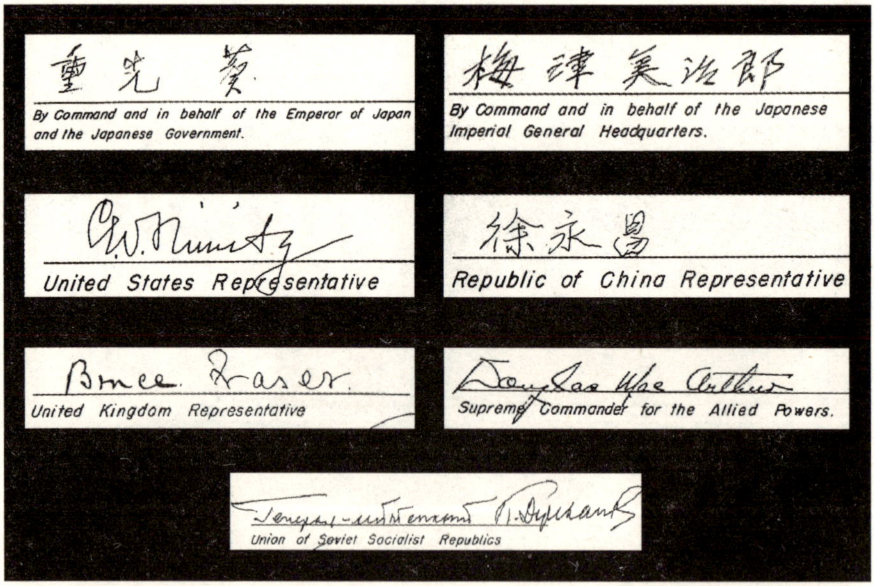

⊙自上而下依次为：日本政府代表重光葵的签名、日本军队代表梅津美治郎的签名、美国政府代表尼米兹的签名、中国政府代表徐永昌的签名、美国将军麦克阿瑟的签名、英联邦代表的签名、苏联政府代表的签名。

⊙麦克阿瑟在受降仪式结束后发表讲话，他宣布：“现在，世界已恢复和平，让我们为上帝永远保佑它而祈祷。”

⊙ 1945 年 9 月 2 日，麦克阿瑟在“密苏里”号上就日本投降发表讲话。

⊙ 1945 年，在麦克阿瑟的坚持下，日本裕仁天皇没有被作为战犯审判，天皇与麦克阿瑟保持了良好的合作关系。图为麦克阿瑟将军与裕仁天皇的合影。

⊙裕仁天皇在看望东京附近一个新住房建造计划的居民。传统上离人民很远、被视为神的天皇——在 1945 年以前，甚至没有几个日本人能看到他。

⊙麦克阿瑟在日本所取得的另一个重大成，就是进行土地改革。图为根据日本 1946 年的土地改革法案进行的第一个交易：一个政府官员，交给一个以前是佃农的农民一份关于他在横滨附近的稻田的契约。

⊙在一场与来自占领军美国第二十四师炮兵的橄榄球比赛中，一个日本大学橄榄球队的队员正在接球。当美国人探究日本文化时，他们也以传教士的热情开始用美国人的生活方式来影响日本人的生活。

⊙ 1946 年末，当日本重建时，一个神道教的牧师在供奉仪式上为东京一个新建的锯木厂祈求好运。在麦克阿瑟的改造下，日本的神道教失去了往日至高无上的地位。

⊙一群美国兵穿着裙状的衣服和戴着高高的帽子在学习弓道术，或者古代的日本箭术。

⊙ 1947 年 12 月，被美国军警夹在中间的日本前首相东条英机，在国际军事法庭为自己的辩护做证。在审判前，他曾试图自杀，但是没有成功，法庭最后判处他死刑。

⊙ 1948 年 7 月 4 日，麦克阿瑟在东京皇宫广场参加美国独立日庆祝游行。

⊙ 1950 年，美国国防部长路易斯・约翰逊、麦克阿瑟和奥马尔・布拉德利在东京皇宫广场。

第九章　仁川登陆

1950年6月25日，朝鲜南北双方终于爆发了全面的内战。朝鲜人民军以破竹之势向南方挺进，开始了祖国统一战争。六个半小时后，当麦克阿瑟在东京得到北朝鲜进攻的消息后，对此并不十分在意。他相信经他缔造的南朝鲜军队能够对付朝鲜人民军，而且他对朝鲜也不负有法律责任。6月28日，朝鲜人民军攻占了汉城。麦克阿瑟决定飞往朝鲜对局势做第一手调查，那架著名的“巴丹”再次把麦克阿瑟送去参战。在朝鲜战场，他目睹了南朝鲜军队如何溃不成军和摇摇欲坠的防线。他向华盛顿发出一封悲观的报告，在报告的结尾他建议：“守住目前战线和在今后能够夺回失地的唯一保证，就是向朝鲜战区派进美国地面部队。”麦克阿瑟选中由迪安少将指挥的二十四师首先行动。7月1日，该师被空运至朝鲜。7月5日上午，朝鲜人民军向美军阵地发起攻击，结果阵地被突破，迪安被俘，其他人员伤亡极为严重。实际上，美第二十四师被消灭了。

麦克阿瑟为了打破这个僵局，决定在战线大后方实施一次大胆的两栖登陆，并可把北朝鲜军队围困在两栖部队和沃克的防御部队之间，北朝鲜军队将被这两支“巨钳”粉碎。麦克阿瑟选中了汉城的海港—— 仁川。海军决策者们强烈反对在仁川登陆。那是众所周知的劣等港口，航道狭窄，潮汐涨落悬殊，登陆人员只能在满潮的三个小时内登陆。否则，将被困在那里，得不到援助。麦克阿瑟反驳道：“正是由于这些行不通的论据，才使我的计划确保成功。敌军会认为在这里登陆是轻率的举动，那么出其不意不正是取胜的关键吗？”

仁川登陆甚至比他预想的还要顺利。在以后的十余天里，朝鲜战局发生了巨大变化，形势急转直下。7月22日，美军开始进攻汉城，遭到激烈抗击，南线朝鲜人民军开始后撤，沃克率军追击。7月26日，南北对进的美军先头部队在乌山附近会合，人民军主力撤过三八线。7月28日，美军终于攻占汉城，并于次日进抵三八线。至此，仁川登陆战役宣告结束。

仁川登陆的成功，给麦克阿瑟带来了前所未有的声誉，使其军事生涯达到了新的顶峰。9月30日，麦克阿瑟电告华盛顿："在北朝鲜军队投降以前，我要在朝鲜全境内作战。"对此，华盛顿方面似乎默许了。看来，仁川登陆的胜利，不仅使麦克阿瑟，也使华盛顿的决策者们冲昏了头脑。

实际上，当时中国介入的迹象已经很明显。

志愿军采取向敌侧后实施大迂回结合正面突击的战法，十一月初在云山地区给美第一骑兵师以沉重打击，并迫使沃克的第八集团军全线溃退到清川江以南。此役，"联合国军"共损失一万五千余人，志愿军伤亡一万余人。

由于仁川大捷后，麦克阿瑟威望大增，美远东空军按照他的指示开始对鸭绿江大桥进行狂轰滥炸。待到两周后大桥终于被摧毁时，鸭绿江已封冻，结冰的江面畅通无阻，麦克阿瑟空忙一场。从11月10日起，美军从东西两线开始的预定进攻的出发阵地小心翼翼地向前推进，生怕重蹈覆辙，再吃冒进的苦头，但东西两线之间仍有较大间隙，未建立有效的联系。在11月25日天黑后不久，灾难降临了。志愿军第三十八军、第四十二军对西线右翼的韩国军团发起攻击，只一天时间就消灭该军团两个师。而后向西南方向迂回，切断中路和左翼美军退路。与此同时，东线志愿军第九兵团于11月27日傍晚向美第十军发起攻击，并将其主力海军陆战第一师围困在楚新水库地区。

"联合国军"已成惊弓之鸟，开始向南溃退，志愿军大举追击，围剿残敌，其进程一日千里，势不可当。美军惨败，伤亡人数不断上升。在这种情况下，麦克阿瑟不得不下令放弃平壤，向三八线实施退却。一时间，西线的"联合国军"在一片混乱中向南溃退，沿途还不断遭到志愿军的袭击，伤亡重大。在最初的惊慌消失后，沃克把他的伤亡惨重的第八集团军撤到临津江，并沿三八线九十英里长的战线掘壕防守。12月23日，在建立起防线后，沃克在一起吉普车祸中丧命。根据麦克阿瑟的推荐，华盛顿任命李奇微接替他。

此次战役，志愿军以三万余人的代价取得歼敌三万六千余人的战果，挫败了麦克阿瑟的“圣诞节攻势”，将“联合国军”全部赶出了北朝鲜，扭转了整个战局。1951年元旦前夜，三八线上炮声隆隆，中国人民志愿军和朝鲜人民军全线发起进攻，迅速突破“联合国军”的防线。部署在第一线的南朝鲜军一触即溃，夺路而逃。刚刚上任的第八集团军军长李奇微坐着他的吉普车在前线上跑来跑去，试图阻挡滚滚后退的洪流，但毫无成效，被迫于1月3日下令全线向汉江南岸撤退。中朝军队立即转入追击，于1月4日进占汉城，1月5日渡过汉江，1月8日占领仁川，并推进至北纬三十七度线附近地区，歼敌一万九千人，胜利结束了第三次战役。

中朝军队的新年攻势，再次引起华盛顿的一片恐慌。随着战线的稳定，李奇微发回了令人鼓舞的消息，说他能顶住任何新的进攻。从此，华盛顿方面对麦克阿瑟更加不信任了。他们直接从李奇微那里获取信息，使麦克阿瑟成了一个被架空的总司令。1月25日，李奇微利用中朝军队休整之机，发起代号为“霹雳行动”的大规模试探性进攻。十天后，这一行动又发展成为代号为“霹雳围剿”的大规模持续进攻。2月21日开始实施“屠夫行动”。经过艰苦的作战，“联合国军”慢慢打回了半岛北部，再次控制了江汉沿岸的一条防线。

当“联合国军”再次占领汉城，并很快进抵三八线附近时，是否越过三八线的问题又出现了。3月20日，参谋长联席会议告诉麦克阿瑟：“即将由总统宣布，准备讨论朝鲜停战协议。”

这个消息对于一直渴望扩大战争、取得全胜的麦克阿瑟来说，无疑是一个沉重的打击。3月24日，他在未经批准的情况下发表违反政策的公开声明，声明中强调“联合国军”受到的种种禁令太多，主张把战争扩大到中国沿海和内陆基地。上述声明是公然的抗命行为。在这一意义上，它是对总统和宪法权威的挑战，是对文职官员领导军人的传统观念的挑战，是对杜鲁门本人的侮辱。杜鲁门口述了给麦克阿瑟的信件，要求麦克阿瑟注意遵守命令，还是忍耐着没有解除他的职务。但是4月5日，议员马丁为攻击政府的现行政策，在未经麦克阿瑟的允许下，在众议院公布了他与麦克阿瑟的通信，声称他“有责任告诉美国人民，我从这位伟大而可靠的人士那里得到的情况”。这是一封内容同样是鼓吹扩大战争并取得全胜的信。

这封信再次震动了全世界。杜鲁门认为，他“再也无法表示礼貌了”。总统新闻秘书于4月11日凌晨一点面见白宫记者团，公布了总统的声明和麦克阿瑟的解职令。

⊙ 1948年8月15日，以李承晚为总统的大韩民国正式宣告成立。图为参加成立大会的哈奇将军、麦克阿瑟将军、李承晚总统。

⊙ 1950 年 6 月 25 日—28 日，联合国安理会召开会议，讨论朝鲜问题。最终在美国的操纵下，表决通过了“向南朝鲜提供军事援助”的提案。图为南朝鲜驻美国大使张勉在会上陈述南朝鲜的危急状况，呼吁联合国的支持。

⊙ 1950 年 6 月 28 日，朝鲜人民军攻占汉城。图为人民军步兵部队随坦克第一〇五旅进入汉城市区。

⊙ 1950 年 6 月 29 日，麦克阿瑟乘坐专机“巴丹”号从日本飞到汉城以南的水原机场，视察南朝鲜军的汉江防线。

⊙美国军政当局决定全面介入朝鲜战争后，最先入朝的是美第二十四师。图为 1950 年 7 月 2 日，第一批空投到朝鲜战场的美军史密斯特遣队抵达大田站。

⊙ 1950 年 7 月 7 日，联合国组成“联合国军”，并任命美国五星上将麦克阿瑟为总司令。图为 7 月 14 日，美陆军总参谋长柯林斯将联合国旗帜授予麦克阿瑟。

⊙ 1950 年 7 月 20 日，朝鲜战争开战不到一个月，朝鲜人民军就击溃了迪安少将率领的美第二十四师，占领大田市。图为开进大田市的朝鲜人民军第三师官兵。

⊙ 1950 年，麦克阿瑟和陆军中将沃尔顿·沃克在韩国。

⊙ 1950 年 9 月 15 日，仁川登陆时的麦克阿瑟。

⊙ 1950 年 9 月 15 日，一艘美国登陆艇载着海军陆战队官兵，正急速驶向已在美国空军轰炸与海军炮击下化为火海的仁川海岸。仁川登陆截断了南部朝鲜人民军的后路，“联合国军”自此开始反攻，终于越过了北纬三十八度线。

⊙参加仁川登陆作战的南朝鲜海军陆战队，从海岸向陆地冲击。

⊙仁川登陆成功后，麦克阿瑟于 1950 年 9 月 17 日上午九点三十分踏上仁川港。图为麦克阿瑟与美第七舰队司令官斯特勒法中将（前排左）、陆战第一师师长史密斯少将（前排右）以及众参谋们一同视察战场。

⊙ 1950 年 9 月 17 日，爱德华·阿尔蒙德、莱缪尔·谢泼德、麦克阿瑟、奥利弗·史密斯和麦考利斯特中校，在仁川师部指挥所。

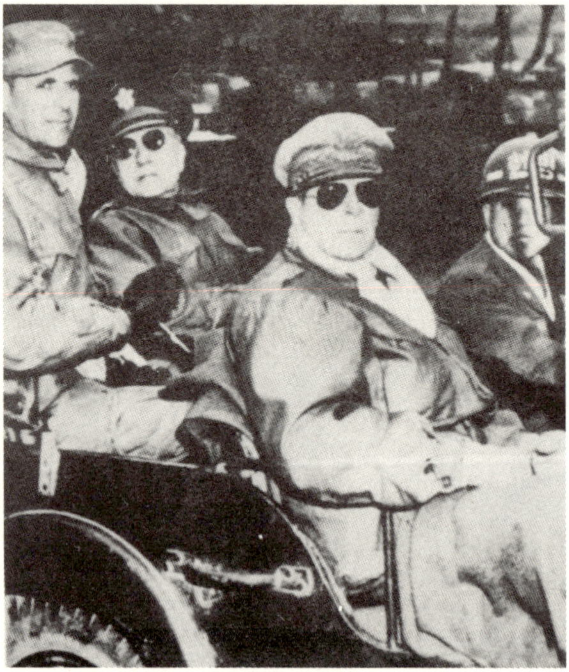

⊙麦克阿瑟视察朝鲜前线，这里大约是三八线以北十五公里处。

⊙ 1950 年 9 月 17 日，麦克阿瑟和美陆战第一师师长史密斯，在第一师一团团长切斯特・普勒的指挥部。

⊙ 1950 年 9 月 17 日，麦克阿瑟和奥利弗・史密斯。

⊙“联合国军”在仁川登陆后，在人民军十三个师的围攻下苦苦死守洛东江防线的美第八集团军开始转入反攻。图为 1950 年 9 月 18 日，美第八集团军司令沃克中将下达总反击命令后，渡过洛东江的支流锦虎江视察前线。

⊙ 1950 年 9 月 28 日，美军攻占汉城，并于次日进抵三八线。至此，仁川登陆战役宣告结束。图为在汉城进行巷战的美海军陆战队。

⊙ 1950年10月19日，“联合国军”侵占北朝鲜首都平壤。10月27日，在平壤金日成广场召开收复平壤纪念大会，南朝鲜总统李承晚亲自参加。图为大会现场。

⊙“联合国军”不顾中国政府的再三警告，越过三八线直逼中朝边境，严重威胁到中国的安全。中国领导人毅然决定出兵朝鲜。1950 年 10 月 19 日，中国人民志愿军跨过鸭绿江，奔赴抗美援朝的战场。

⊙ 1950 年 10 月 25 日至 11 月 5 日，中国人民志愿军打响了入朝参战的首次战役。图为在云山战斗中的志愿军高炮阵地。

GENERAL HEADQUARTERS
FAR EAST COMMAND
OFFICE OF THE COMMANDER-IN-CHIEF

Tokyo, Japan

30 October 1950

Dear Mr. President:

I am most grateful for your kindly expressions which I have just received. Operations in Korea are proceeding according to plan and while as we draw close to the Manchurian border enemy resistance has somewhat stiffened, I do not think this represents a strong defense in depth such as would materially retard the achievement of our border objective. It is my current estimate that the next week or so should see us fairly well established in the border area, after which it shall be my purpose, as I outlined during the Wake Island conference, to withdraw American troops as rapidly as possible — this to the end that we may save our men from the rigors of winter climate at that northern latitude, and the Korean people from the undue impact of American troops upon the peaceful settlement of their internal affairs. For as you recognized during our conference on Wake, the political situation in Korea is both sensitive and explosive and calls for practical rather than idealistic diplomacy if our prestige and leadership gained through victory is to have a lasting hold upon the Oriental mind.

I left the Wake Island conference with a distinct sense of satisfaction that the country's interests had been well served through the better mutual understanding and exchange of views which it afforded. I hope that it will result in building a strong defense against future efforts of those who seek for one reason or another (none of them worthy) to breach the understanding between us.

With expressions of deep respect,

Most faithfully yours,

Douglas MacArthur

DOUGLAS MacARTHUR.

The Honorable Harry S. Truman
President, The United States of America
The White House
Washington 25, D.C.

⊙ 1950 年 10 月 30 日，麦克阿瑟就威克岛会面问题给杜鲁门写信。

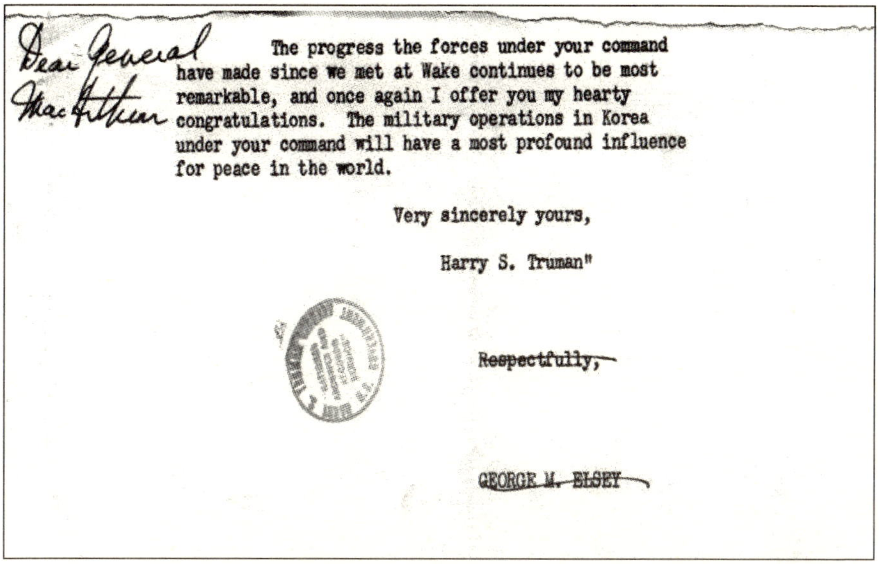

Dear General MacArthur

The progress the forces under your command have made since we met at Wake continues to be most remarkable, and once again I offer you my hearty congratulations. The military operations in Korea under your command will have a most profound influence for peace in the world.

Very sincerely yours,

Harry S. Truman"

~~Respectfully,~~

~~GEORGE M. ELSEY~~

⊙ 1950 年 10 月 30 日，杜鲁门总统的顾问乔治・埃尔西代表总统对麦克阿瑟的回复。

⊙ 1950 年 11 月，在志愿军发起的第二次战役的东线战斗中，“联合国军”遭受重创，从下碣隅里一直退到古土里，途中许多士兵死于严寒和饥饿。图为“联合国军”搬运冻死者的尸体。

⊙ 1950 年 12 月，美军自长津湖撤退途中，一名陆战队士兵正在审视遇难的同伙。

⊙ 1951 年 2 月 21 日，麦克阿瑟在汉城附近的金浦机场检阅陆军第二十四步兵师。

⊙志愿军部队冒着炮火渡过汉江。

⊙ 1951 年 3 月 7 日，“联合国军”总司令麦克阿瑟在水原发表公开讲话，强调“如果我们不投入足够的兵力，以及对中国共产党加以致命的打击，就无法阻止中国在亚洲的扩张”。由于他的论调与杜鲁门的“有限战争论”格格不入，最终导致被解除职务。图为麦克阿瑟向新闻界发表书面发言。

⊙ 1951 年 4 月 3 日，麦克阿瑟最后一次来到朝鲜战场，与美第八集团军司令官李奇微交谈。

⊙1951 年 4 月 11 日，杜鲁门宣布解除麦克阿瑟的“联合国军”总司令一职。图为麦克阿瑟在离开朝鲜战场前与他的继任者李奇微中将告别的情景。

⊙中国人民志愿军在战斗中吹起冲锋号，与敌人展开肉搏战。

⊙中朝战友在汉城南朝鲜国会大厦前欢庆胜利。

第十章　离开战场的战士

听到被解职的消息，麦克阿瑟的表情一下子呆滞了。少许，他抬起头来看着他的妻子，用一种温柔的、在场所有的人都能听到的声音说道："琼妮，我们终于要回家了。"午餐继续进行，麦克阿瑟自始至终在外表上保持镇静。之后不久，正式命令就通过军队通信设施发到了。盟军最高司令部深受震动。很少有人想到麦克阿瑟会因他的行为而受到处罚，更不用说撤职了。在日本，麦克阿瑟突然被免职在各界人士中引起相当大的震动。日本人往往把当政者神化以求安心。在天皇成为凡人后，麦克阿瑟自然被神化了。现在一纸电文就撤了他的职，使日本人感到张皇失措。吉田茂首相听到这个消息后大惊失色，足足过了半个小时才镇定下来。裕仁天皇到大使馆做最后拜访时，眼泪毫不掩饰地流下他的面颊。

麦克阿瑟的回国，不可避免地带有一层政治色彩。麦克阿瑟一家决定前往纽约定居，纽约市给了麦克阿瑟巨大的荣誉，为他举行了六个半小时的彩带飞舞游行。各条大街装饰得五彩缤纷，约有七百五十万人参加了游行和观礼，个个近乎疯狂地欢呼，抛向空中的彩色纸带、纸屑和飘带有两千八百五十吨重，是上次欢迎艾森豪威尔时的四倍。不少女人泣不成声，有十八人因歇斯底里发作而被送进医院。一时间，麦克阿瑟纪念章、玉米芯烟斗很快脱销，供不应求。以麦克阿瑟的名字命名的商品、设施、车辆遍及美国。

麦克阿瑟作为陆军五星上将，按照法律是永不退役的。一直到死，他将保留现役，随时可被召回。他每年享有一万八千七百六十一美元的固定津贴，以及这一级别的特殊待遇：助手、办事员、政府提供的交通工具、五角大楼的一间办公室。麦克阿瑟对其中的大部分待遇都不屑一顾。

他回国后，马上面临的就是对远东政策的质询。对于二十六名议员轮番提出的无所不包的问题，他继续兜售他要在全世界范围内同共产主义对抗的主张，抨击政府的远东政策"根本不是什么政策"，而是"绥靖主义"。他试图证明参谋长们站在他的一边，理由是他们赞成扩大亚洲战争。但是每一位参谋长都否认了这一点。布莱德雷说出了他的名言，即同中国的战争是“在错误的时间，错误的地方，打的一场错误的战争”。最后，麦克阿瑟未能扭转政府的远东政策。

辩论虽然不了了之，但是国会仍然表达了对麦克阿瑟的敬意，批准为他铸造一枚金质特殊荣誉勋章，上面刻着他的肖像和下列文字：“澳大利亚的保护者、菲律宾的解放者、日本的征服者、朝鲜的捍卫者。”

经过几次从政的尝试后，麦克阿瑟断定自己在政治方面缺少很多素质，他于 1952 年 8 月 1 日接受了雷明顿—兰德公司董事长一职。这是一项主要是礼仪上而又薪俸很高的职务。从此之后，麦克阿瑟确实慢慢地从公众视野中消失了，他不想创造奇迹，也不想制造麻烦了。

1962 年 5 月，他应邀来到西点军校，接受军校最令人羡慕的奖品——西尔韦纳斯·塞耶勋章。在授勋仪式上，他检阅了学员队，然后发表了他一生中的最后一次公开演讲，并同他们共进午餐，重温昔日的感觉。他还回过菲律宾一次，并且视察了过去的战场，受到了菲律宾人民的热烈欢迎。

在隐居期间，麦克阿瑟的身体状况一直是比较健康的。但在 1960 年他八十岁的时候，由于前列腺严重发炎而几乎丧命。从那以后，他似乎再也没有完全康复。他的生命力在衰退，但还在挣扎着写他那冗长的回忆录。

1964 年，他的生命开始走向尽头。他患上了急性肾炎和肝炎等多种疾病。3 月 2 日，琼陪着他来到华盛顿的陆军医院接受治疗。记者们闻讯前往探访，他们所看到的麦克阿瑟已无昔日的风采。他面容憔悴、瘦骨嶙峋，医院连续给他做了几次手术也未能挽救他的生命。1964 年 4 月 5 日下午二时三十分，这位勇猛无畏的军事天才停止了呼吸。

约翰逊政府给了麦克阿瑟应得的哀荣。他的遗体被先后摆放在华盛顿、纽约和诺福克供人凭吊瞻仰。4 月 11 日，星期六，随着军号手吹起熄灯号，这位曾叱咤风云的老战士被放进了墓穴。他的朋友们在诺福克的市政大厅为他建了一座巨大宏伟的大理石纪念碑。一个杰出的生命永远载入了史册。

⊙被解除军职的麦克阿瑟，大步流星地走向自己的座机。

⊙ 1951 年 4 月 17 日，麦克阿瑟以平民身份重返离开十五年之久的美国。图为旧金山市欢迎麦克阿瑟回国的情景。人们更多记得的是他二战中的功绩，并把他当作一位受到杜鲁门迫害的英雄来看待。

⊙麦克阿瑟在旧金山受到群众狂热的欢迎。当他到达这座城市的时候，已经是深夜了，但仍有五十多万人在机场通往市区的路上欢迎他。第二天，市政府又为他举行了盛大的欢迎仪式，有十多万市民参加。

⊙ 1951年4月19日，成千上万的美国人聚集在华盛顿纪念碑前，欢迎被杜鲁门解职的麦克阿瑟归来。

⊙ 1951 年 4 月 19 日，麦克阿瑟在国会参、众议院的联席会议上发表讲话，为自己在朝鲜战争中的行为做辩解。在这次著名的演讲中，麦克阿瑟引用了军队中的一首老歌的歌词“老兵永远不会死，只会慢慢地消失”，以此表明他的心境。他的演讲打动了所有议员，一位议员说：“他的演说使共和党人眼泪汪汪，使民主党人尿湿裤裆。”

⊙麦克阿瑟与儿子以及妻子琼·玛丽，在国会讲话结束之后乘车离去。

⊙ 1951 年 4 月 19 日，麦克阿瑟和妻子、儿子在华盛顿首都大厦刚刚参加完国会联席会议。

⊙ 1951 年 4 月 20 日，麦克阿瑟一家前往他准备定居的纽约。在纽约市为他举行的盛大欢迎仪式上，大约有七百五十万人参加了欢迎麦克阿瑟的游行和观礼。人们向这位美国英雄抛撒的彩带纸屑有两千八百五十吨，不少女人激动得泣不成声，有十八人因歇斯底里发作而被送进医院。这是有史以来在曼哈顿地区聚集的最大的人群。

⊙ 1951 年 4 月 25 日，麦克阿瑟在芝加哥伊利诺斯一个球场发表公开讲话。

⊙ 1952 年，麦克阿瑟的油画肖像，挂在华盛顿的国家肖像画廊中。

⊙麦克阿瑟将军。

⊙ 1960 年，在八十岁生日的庆典上，麦克阿瑟将军与西点军校优秀学生合影。

⊙麦克阿瑟在西点军校。

⊙ 1961 年 7 月，麦克阿瑟将军参加菲律宾独立十五周年纪念活动时，最后一次检阅美军驻菲律宾部队。

⊙1964年4月5日，麦克阿瑟这位集狂妄自大与勇猛无畏于一身的将军去世。他的遗体被先后摆放在华盛顿、纽约和诺福克供人们凭吊。

麦克阿瑟生平大事年表

1880 年 1 月 26 日，出生在阿肯色州小石城的军营里。

1886 年 六岁开始受正规教育。

1893 年 十三岁时进入西德克萨斯军校。

1897 年 6 月，在毕业典礼上，他代表全校毕业生致告别词。

1899 年 6 月 13 日，进入西点军校，时年十九岁。

1903 年 6 月 11 日，西点军校举行 1903 届学生的毕业典礼。麦克阿瑟以第一名和第一上尉的身份第一个取得毕业文凭。麦克阿瑟从西点军校毕业时，接到的第一个派职令，就是随工兵第三营一起被派到菲律宾执行勘测任务。

1905 年 10 月，麦克阿瑟获委任：给他父亲当随从副官。

11 月起，他们花了九个月的时间，先后巡察了远东及东南亚的大部分国家。

1906 年 10 月，被选派到华盛顿高级工程学校进修一年。

1911 年 年初，三十一岁的麦克阿瑟被提升为上尉。

1912 年 麦克阿瑟到华盛顿陆军部上任。

1914 年 8 月 2 日，第一次世界大战在欧洲全面爆发。随后，三十四岁的麦克阿瑟被任命为远征军第四十二师参谋长，后晋升为师长。

1918 年 2 月，带队开进法国洛林南部防区的堑壕。

1919 年 4 月，载誉回国，担任西点军校校长。

1922 年 2 月 14 日，麦克阿瑟与路易丝 · 布鲁克斯结为伉俪。这年冬天来临的时候，麦克阿瑟安置好体弱多病的母亲，便携妻带子离开美利坚，前往马尼拉就任。

1924 年 潘兴将军离职前，将麦克阿瑟由准将提升为两星少将。

1927 年 被意外地选为奥林匹克委员会主席，并亲率体育健儿参加了阿姆斯特丹奥运会。

1928 年 这年夏天，又奉命前往马尼拉，出任驻菲美军总司令。

1930 年 8 月，总统委任他担任陆军参谋长。

1934 年 罗斯福总统宣布，麦克阿瑟继续担任陆军参谋长。

1935 年 11 月，罗斯福总统同意麦克阿瑟充当奎松的军事顾问，并保留其美国陆军的军籍。在去菲律宾的途中，麦克阿瑟结识了琼 · 玛丽 · 费尔克洛思女士。

1937 年 11 月 30 日，奎松许诺由麦克阿瑟出任菲律宾政府的军事顾问，领实际并不存在的菲律宾陆军元帅军衔。麦克阿瑟正式退出服务三十八年的美国陆军。

1938 年 2 月 21 日，五十八岁的麦克阿瑟老来得子。琼为他生了个儿子，取名阿瑟。

1941 年 7 月，华盛顿下令麦克阿瑟服现役，领中将军衔，统管远东全部的陆军和空军。圣诞节到来的时候，麦克阿瑟下令退守巴丹半岛。

1942 年 3 月，退往澳大利亚，发表了恺撒式的演说："据我所知，美国总统命令我冲破日本防线，从科雷希多岛来到澳大利亚，目的是组织对日本的反攻，其中主要目标之一是援救菲律宾。我出来了，但我还要回去！""我还要回去"被写在海滩上、涂在墙壁上、打在邮件上，日益成为将士们心中的寄托。

1945 年 1 月 4 日，麦克阿瑟亲率大军北伐。重返马尼拉，令麦克阿瑟百感交集。

8 月 15 日，日本宣布无条件投降。

8 月 28 日，艾克尔伯格的第十一空降师先遣队乘四十五架运输机在厚木机场着陆。

9 月 2 日，投降仪式在停泊在东京湾的“密苏里”号战列舰上举行。麦克阿瑟宣布：“现在，世界已恢复和平，让我们为上帝永远保佑它而祈祷。”

9 月 8 日，麦克阿瑟和总司令部从横滨迁移到了东京巨大而豪华的美国大使馆。

1950 年 9 月 12 日，在日本佐世保登上了他的“麦金利”号旗舰，指挥仁川登陆。

1951 年 4 月 11 日，麦克阿瑟被解职。

4 月 20 日，麦克阿瑟一家前往纽约定居。

1952 年 参加总统大选，仅得十票。

8 月 1 日，应邀出任雷明顿—兰德公司董事长。

1961 年 7 月，在隐居九年后，应邀前往马尼拉参加菲律宾独立十五周年纪念活动，巡视了昔日的战场：巴丹、科雷吉多尔、林加湾、莱特。这时，麦克阿瑟已经八十一岁了。

1962 年 5 月，应邀来到西点军校，接受军校最令人羡慕的奖品——西尔韦纳斯 · 塞耶勋章。

1963 年 他的生命力在衰退，但还在挣扎着写他那冗长的回忆录。

1964 年 患上了急性肾炎和肝炎等多种疾病。

3 月 2 日，琼 · 玛丽陪着他来到华盛顿的陆军医院接受治疗。

4 月 5 日下午二时三十分，这位勇猛无畏的军事天才停止了呼吸。